# 허위자백 스토리

*false confession story*

이기수 지음

박영사

# 들어가는 말

　우리가 살아가는 대한민국에서 짓지도 않은 범죄를 자백하는 '허위자백'은 얼마나 발생하고 있을까? 수사 과정에서 고문이 있었을 것이라고 추정되는 1980년대까지는 헤아릴 수 없을 정도로 많은 허위자백 사건이 있었다. 그러나 더 큰 문제는 고문이 사라졌을 것이라고 생각하는 1990년대 이후부터 2000년대까지 허위자백을 한 것으로 확인된 사건이 수십여 건이나 된다는 사실이다.

　허위자백이 왜 문제냐고 물을 수도 있다. 그것이 책을 읽는 당신의 이야기라면 어떨 것인가 상상해 보자.

　어느 날 당신은 짓지도 않은 죄목으로 체포된다. 신체의 자유를 박탈당하고, 직장에서 해고되고, 가족과 이웃, 친지들조차도 당신을 '선량한 척 하면서 이중생활을 한 죄인'으로 취급한다. 수사기관은 당신을 체포하여 죄인으로 간주해 허위자백을 강요하고, 범행을 부인하면 이를 무시하고 오히려 반성할 줄 모르는 죄질이 나쁜 사람이라고 비난한다. 당신은 오랜 시간 동안 진저리칠 정도로 지속되는 강한 추궁과 회유로 견딜 수 없는 상황에 몰려 급기야 허위자백을 하고, 결국은 유죄판결을 받아 교도소에 수감된다. 형사절차에서 당연히 무죄가 확인되어 석방되리라 믿었던 당신은 무기력한 좌절과 절망 속에서 자살을 시도하며 견딜 수 없는 고통에 눈물을 삼킨다.

이 책은 완전할 것이라고 믿는 형사절차에서 짓지도 않은 범죄에 대하여 허위자백을 한 사람들의 이야기이다. 외국과 국내의 허위자백 사례들을 누구나 쉽게 읽고 이해하도록 하였다. 이 이야기를 통해 허위자백으로부터 우리 자신을 지킬 방법은 무엇인지, 허위자백을 예방하고, 극복하기 위해 필요한 정책과 대안은 무엇인지 당신에게 길을 안내한다. 형사절차에 적지 않은 오류와 실수가 있을 수 있으며 그것이야말로 형사사법제도에서 가장 위험한 실패임을 인식하고 이를 방지하기 위해 적극적인 노력들이 기울여지기를 바란다.

이 책의 출판을 위해 힘써준 박영사 편집부 김선민 선생님과 관계자 여러분들께 깊이 감사드리며, 언제나 따뜻한 격려와 지지를 보내주고 편집에 많은 도움을 준 아내 미선에게 사랑과 감사를 전하고 싶다.

저자 씀

# 차 례

## 제3장  우리는 무엇을 할 수 있는가?

# 서론 : 허위자백은 왜 중요한가?

1. 우리의 형사절차는 범죄의 진상을 가려 범죄자를 검거하고 처벌하기 위한 것이다. 그 절차에서 중요한 것은 진실이 무엇인가를 가리는 것이다. 그것은 실체진실의 발견이라는 형사절차 최고의 목표로 설정되었다. 그러나 진실을 발견한다는 미명 하에 고문이나 폭행 등 불법적인 방법으로 진실만을 추구해서는 아니 되기에 '법을 지키면서' 형사절차를 진행하는 것이 중요하다. 그것이 또 하나의 최고 가치인 적법절차의 준수이다. 여기서 **'열 사람의 범인을 놓치더라도 한 사람의 억울한 사람이 생겨나서는 아니 된다'**는 법언이 생겨난다.

2. 허위자백은 형사절차에서 존재를 인정하기 싫지만 이미 존재하고 있고, 그 존재는 많은 문제점을 안고 있다. 허위자백이 생겨나는 이유는 주로 형사절차, 그 중에서도 수사절차에서 많은 위법적 수단에 의해 죄 없는 사람에게까지 자백이 강요되기 때문이다.

3. 외국의 저명한 연구에 따르면 허위자백을 하게 되면 직접적인 증거가 없어도 유죄판결을 받을 확률이 80%를 넘는다고 한다. 내가 원하지 않은 외부요인에 의해 어쩔 수 없이 한 허위자백이라 하더라도 법정에서 제대로 밝혀지지 않고 유죄판결로 연결되는 악마적 힘을 가진 것이 허위자백이다.

4. 허위자백을 연구하는 것이 중요한 이유는 그것이 형사절차의 많은 문제점을 개선할 메시지를 응축해 갖고 있기 때문이다. 그것은 마치 사람의 건강 상태를 피나 배설물을 통해 파악할 수 있는 것과도 같다. 매우 효과적으로 형사절차가 가진 허점이나 문제점을 파악하고 개선할 수 있는 답을 줄 수 있기 때문에 중요하다. 만일 죄 없는 사람이 허위자백을 하고 유죄판결을 받는다면 그것은 형사절차의 완전한 실패를 의미한다. 우리의 형사절차는 이러한 오류를 막기 위해 수사, 기소, 재판의 3단계로 진행되며, 그것으로 그치지 않고 재판을 3회에 걸쳐 진행할 수 있도록 3심 제도를 채택하고 있다. 그럼에도 허위자백이나 잘못된 오심이 발생하는 이유는 무엇인가? 그 해답은 바로 허위자백을 심층적으로 연구하며 찾아낼 수 있는 것이다.

5. 그렇기 때문에 이 작업은 매우 중요한 것이다. 이 글을 읽는 고마운 독자가 있다면 동참하시라! 우리의 형사사법제도가 진실의 규명을 통해 범인을 효과적으로 처벌하고, 억울한 사람은 나오지 않게 하는 선진적 제도로 발전하기 위한 혁신의 대오에 말이다.

2021년 아름다운 봄날에 저자

제1장

외국의
허위자백 스토리

# 1
## '장 칼라스(Jean Calas) 사건'과
## 벡카리아의 「범죄와 형벌」

 18세기 프랑스의 남부도시 툴루즈는 가톨릭 세력이 강했고, 종교적 편향도 심한 도시였다. 200여 년 전 4천여 명의 시민들이 이단으로 몰려 가톨릭교도들에게 학살되었는데 매년 이 날에 성대한 축제를 벌일 정도였다. 그곳에 거주하던 장 칼라스는 명망 있는 가문 출신으로 가톨릭이 아닌 개신교도였다. 종교적 편견이 강했던 당시였지만 칼라스는 둘째 아들 피에르 칼라스가 구교로 개종했어도 생활비를 지원하고 있었고, 구교 신자인 하녀를 오래도록 집에서 일하도록 한 관용적인 인물이었다.

 그의 장남 마크 앙투완은 아버지와 같은 개신교도였는데 변호사가 꿈이었지만 가톨릭교도가 아니라는 이유로 좌절되자 절망에 빠졌다. 우울증에 시달리던 그는 1761년 10월 13일 저녁에 목을 매 자살하고 만다. 둘째 아들 피에르 칼라스가 목매 있는 마크 앙투완을 발견하고 아버지를 불러 시신을 땅에 눕힌 뒤 끈을 풀었다. 다음날 사법원 판사가 검시를 하는 과정에서 누군가 "마크 앙투완이 구교로 개종하려고 했기 때문에 가족에 의해 살해되었다."고 소리쳤다. 이를 듣고 사법원 판사는 칼라스 가족을 체포했다.

체포된 칼라스 가족은 아들을 살해하지 않았음을 증명해야 했고, 한편으로는 아들이 자살하지도 않았다고 주장하고 싶었다. 왜냐하면 당시 종교법에 의하면 자살은 범죄로서 시신은 발가벗겨져 거리에 끌려다니다가 마지막에는 교수대에 매달리는 처벌을 받도록 규정되어 있었기 때문이다. 가엾은 아들을 죽어서까지 처벌받게 하고 싶지 않았던 칼라스 부부는 첫 번째 신문에서 시신이 '바닥에 놓여 있는 상태에서' 발견하였다고 허위 진술을 하였다. 그러나 사망한 아들의 목에 삭흔(목을 맨 끈 자국)이 선명했으므로 목을 맨 채로 발견된 자살이 아니라면 당연히 타살의 혐의가 짙다고 보았고, 종교적 문제도 살해동기가 될 수 있어 칼라스 가족이 살해혐의를 받는 상황이었다. 석연치 않은 진술에 살인 범죄에 대한 추궁이 이어지고 이들은 곧 진술을 번복해 '목을 맨 시신'을 발견하였다고 진술하였다. 당시 합법적인 '사법 고문'이 행해질 때였지만 칼라스는 고문에도 살인의 범행을 부인하였다.

그러나 그의 가족들은 고문에 못 이겨 칼라스가 큰 아들 마크 앙투완을 살해했다는 허위진술을 했고, 프랑스 고등법원은 칼라스의 살인죄를 인정해 사형을 선고하였다. 칼라스의 처형에 찬성한 판사들은 칼라스 본인이 살인을 부인하고 있지만 그를 거열형(車裂刑, 마차를 이용해 사지를 찢는 형벌)에 처하게 되면 고통에 못 이겨 범행을 자백할 것이라며 나머지 판사들을 설득했다. 하지만 칼라스는 극한의 고통 속에서도 끝까지 결백을 주장하고, 신에게 판사들을 용서해달라고 해 그들을 당황케 하였다. 그럼에도 결국 칼라스는 교수형으로 사형이 집행되었고, 나머지 가족들은 강제로 개종 당하거나 수녀원에 유폐되었으며, 미망인이 된 칼라스 부인은 자식을 모두 잃고, 재산을 몰수당한 뒤 홀로 남겨졌다.

칼라스 가족의 처참한 파멸소식은 당시 유력한 계몽사상가인 볼테르의 귀에 들어가면서 새로운 전기를 맞는다. 볼테르는 칼라스의 가족을 만나 무죄를 확신하고 기사와 팜플렛 배포를 통해 프랑스 지식사회의 정의감을 일깨운다. 사회적인 반향을 일으키며 재심(확정 판결로 사건이 종결되었으나 중대한 잘못이나 새로운 증거가 발견되어 소송 당사자가 다시 청구하여 진행되는 재판)을 해야 한다는 여론이 조성되고, 대법원은 여론의 압력에 굴복해 재심을 허가하였다. 이전 재판에서 무시되었던 자료들이 검토되었고 큰 아들 마크 앙투완은 자살한 것으로 결론지었다. 1765년 3월 9일 칼라스가 처형된 지 정확히 3년이 되던 날 칼라스 가족의 무죄와 복권이 선고되었다. 볼테르는 칼라스 가족들을 변호하는 과정에서 종교적인 편견과 불관용의 문제를 철학적인 관점에서 고찰하고 그 유명한 '관용론'을 집필한다. 이미 중세의 유럽에서는 이교도에 대한 증오와 편견에 가득 찬 사회적 분위기가 오랜 암흑기를 이끌었고, 그로 인한 인권침해와 박해는 유럽의 역사를 피로 물들였다. 다행히 볼테르의 노력은 당시 사람들의 머리 속 깊이 자리 잡고 있던 종교적 광기를 일깨우는 계기가 되었다.

'장 칼라스 사건'은 이탈리아의 젊은 형법학자인 체사레 벡카리아의 행동으로 연결되었다. 벡카리아는 칼라스가 사형당한 후 2년 뒤 당시 형법과 형사절차의 문제점을 신랄하게 비판하는 「범죄와 형벌」을 저술하였다. 이 책은 볼테르가 '형사절차의 인권장전'이라고 격찬을 아끼지 않았고, 계몽사상가들에게도 큰 찬사를 받으며 유럽에 큰 반향을 일으켰다. 벡카리아는 사회계약설에 근거하여 국가의 형벌권을 설명하였다. 사회계약설은 '개인들이 자발적인 계약을 통해 국가를 형성하고, 국가에 자신들의 권리를 양도함으로써 개인들의 자유와 권리를 보다 확실히 보장받고자 하였다.'는 것이다. 국가의 형벌권은 이 원리 속에서 정당성을 갖는다. 그는 '법은 자유로운 인간들 사이의 계약이며, 주권자는 그가 위탁받은 공공의 자유와 복지를 개개인의 사적 침탈, 범죄로부터 방어할 필요가 있다. 바로 이것이 주권자의 형벌권의 근거가 된다.'고 주장하였다. 그러나 그 당시 현실의 국가에서는 전제군주와 소수의 귀족들에 의해 형벌권이 국민의 자유와 기본권을 억압하는 도구로 사용되었다.

이러한 사회계약의 원리에 따르면 범죄에 대한 형벌은 오직 법률을 통해서만 가능하다. 벡카리아의 주장은 오늘날 형법의 최고 원리인 죄형법정주의로 자리 잡고 있다. 사회계약에 의해 각 개인은 사회에 속박되지만, 사회도 개인에 대하여 똑같이 그 계약준수의 의무에 속박된다.

「범죄와 형벌」에서 특히 주목해야 할 부분은 당시 만연해 있던 고문, 사형과 관련한 내용이다. 먼저 장 칼라스 사건에서도 보았듯이 그는 고문을 '수치스러운 진실의 발견 방법이요, 낡아빠진 야만적인 시대의 법적 잔존물'이라고 비판했다. 아울러 고문의 사용에 필연적으로 수반되는 이상한 결과를 설명했다. 즉 무고한 자는 하지도 않은 죄를 자백하고 형의 선고를 받든지, 부당한 고문의 고통을 이겨내고 무죄를 받든지 택일할 수밖에 없는데 어느 쪽이건 부당하다는 것이다. 반면 진범은 고문의 고통을 잘 이겨낸다면 죄를 짓고도 형벌을 면할 수 있는 모순적 결과를 가져올 수 있다는 것이다. 그는 또한 사형과 관련하여서도 '인간의 정신에 무엇보다 큰 효과를 끼치는 것은 형벌의 강도가 아니라 지속성'임을 지적하였다. 인간은 망각의 동물로서 범죄에 대한 가장 강력한 억제력은 한 악당이 처형되는 장면을 목격하는 데서 생겨나지 않고, 범죄자가 오랫동안 형벌을 받는 모습을 보게 하는 것이 더 효과적인 억제책이라고 하였다. 더불어 형벌은 범죄를 억제시키기에 적당한 정도의 강도만을 가져야 하며, 법이 살인을 미워하고 처벌하면서 법이 스스로 살인을 행한다는 것은 어리석다고 평가했다.

그 밖에 오래 끄는 형사절차나 각종 신체 절단형, 범죄자의 가족들을 거리에 내모는 재산 몰수형 등의 폐지를 주장하는 등 근대적 형사절차로 나아가는 문을 활짝 열어젖히는 역사적인 역할을 하였다.

체사레 벡카리아

# 2
# '영국의 길포드 4' 사건과
# 영화 '아버지의 이름으로'


아일랜드는 역사적으로 오랫동안 영국의 침략과 식민지배를 받아왔다. 1970년대에는 아일랜드계 과격조직인 IRA(아일랜드 공화국군)가 영국으로부터 북아일랜드의 독립을 강력히 주장하며 테러를 일으키고 있었다. 이처럼 정치·군사적으로 혼란스러운 상황에서 1974년 10월 5일 영국의 런던 남서쪽 인근에 위치한 유서 깊은 도시인 길포드의 한 술집에서 폭탄테러로 5명이 사망하고 75명이 중상을 입는 끔찍한 사건이 발생한다. 이른바 '길포드(Guildford) 사건'이다.

테러발생 후 영국경찰은 아일랜드인인 제리 콘론을 비롯해 폴 힐, 패트릭 암스트롱, 캐롤 리처드슨 등 소위 '길포드 4인'을 체포한다. 제리 콘론(Gerry Conlon)은 북아일랜드 벨파스트에서 직업 없이 도둑질이나 하던 부랑아 같은 존재였다. 그는 아버지의 주선으로 잉글랜드로 건너갔지만 아버지의 기대와 달리 별다른 거처도 없이 히피들과 어울리다 불행하게도 이 엄청난 폭탄테러의 범인으로 몰리게 된다. 이들에 대한 테러의 직접적 증거는 없었으며, 인근 불법 건축물에 거주하고 경미한 전과가 있을 뿐이었다. 이들은 지속적으로 무죄를 주장했지만 그 말은 받아들여지지 않았다. 경찰은 오히려 협박과 고문으로 허위자백을 받아내고, 이를 토대로 제리 콘론의 아버지 주세페 콘론과 친척 등 소위 '맥과이어 7인'을 추가로 체포하였다.

결국 제리 콘론을 포함한 '길포드 4인'은 조사과정에서 영국경찰의 고문과 살해 협박으로 허위자백을 한 뒤 살인죄로 기소되었고, 영국 법원은 이들에게 종신형을 선고하였다. 그뿐 아니라 제리 콘론의 아버지 주세페 콘론에게는 '집에서 폭발 물질이 발견됐다.'는 혐의로 12년 형을 선고했다. 결국 주세페 콘론은 교도소에서 복역 중 폐질환으로 사망하는 비극을 맞게 되었다.

그로부터 6년이 흐른 1980년 영국 경찰에 대한 인권 문제가 대두되면서 '길포드 사건'도 재조명 받았다. 그제야 제리 콘론은 여성 인권변호사 가레스 피어스의 도움으로 항소를 신청할 수 있었다. 가레스 피어스는 재조사를 통해 경찰이 타자기로 친 신문조서 초안을 발견했는데 이것은 많은 부분이 삭제되거나 추가된 부분이 존재하고 순서도 바뀌는 등 편집되어 있었다. 그런데 이 초안은 법원에 제출되지 않았고, 법원에 제출된 것은 수기로 깔끔하게 작성되어 그 내용이 발견된 위 초안과 일치하는 것이었다. 즉 경찰이 처음에 타자기로 친 신문조서의 내용을 편집하고 이를 수기로 작성하여 법원에 제출한 것이고, 이것은 그 내용이 조작된 것임을 암시하고 있었다. 결국 사건의 신문조서는 조작되었고, 구금 조사 중 구타와 고문 등 가혹 행위로 허위자백이 있었음이

생전의 제리 콘론

인정되었다. 더구나 제리 콘론 수감 이후 2년 뒤에 IRA 단원이 길포드 사건의 진범임을 자백했음에도 불구하고, 경찰에서 이를 은폐했다는 것까지 밝혀졌다.

1989년 마침내 제리 콘론과 그의 아버지 주세페 콘론은 무죄를 선고받았다. 제리 콘론은 15년 간 억울한 옥살이를 하다 석방되었지만 아버지는 이미 세상에 없었다. 이 사건은 영국 사법 역사상 최악의 사건으로 평가되고 있다. 사건발생 30년이 지난 2005년 5월 영국 총리 토니 블레어는 제리 콘론과 그의 아버지에게 공개적으로 사과했다.

영화 '아버지의 이름으로'는 이런 제리 콘론의 스토리를 담은 자전적 소설 '입증된 무죄'를 영화화한 것이다. 제리 콘론(Gerry Conlon)은 석방 후 영국 더블린에 거주하다 2014년 6월 벨파스트 자택에서 60세의 나이로 사망하였다. 그는 석방 후에도 지속적으로 죄 없이 복역한 트라우마에 시달리며 자살을 여러 번 시도하기도 하였다.

영화 '아버지의 이름'으로 포스터

'길포드 사건'을 자백한 IRA 대원들은 그 사건으로 재판에 회부되지 않았다. 그들은 다른 죄로 형을 선고받고 아직 영국 교도소에 수감 중이다. 법질서를 어지럽힌 혐의로 기소된 전직 형사 세 사람은 1993년 5월 19일 무죄 판결을 받았다. 이 사건으로 유죄 판결을 받은 경찰은 없다.

허위자백을 한 것은 제리 콘론이었지만 그렇게 만든 것은 사법당국임에도 콘론만이 그 멍에를 짊어지고 수십 년을 살다 세상을 떠난 것이다. 많은 사례들에서도 그랬듯이. …

# 3
## 런던의 동성애 매춘부
## 'Confait 살인 사건'

1972년 4월 22일 밤 영국 런던의 남동부에 위치한 Catford Doggett Road의 한 주택가에서 화재가 발생했다. 화재는 소방대원에 의해 새벽 1시 31분에 진화되었고, 곧이어 런던 경찰이 도착했다. 소방대원 중 한 명이 화재가 발생한 집의 위층 침실에서 20대 혼혈남성의 시신을 발견했다. 다음 날 그 남자의 신원은 '미셸'이라는 가명을 사용하며 동성애 매춘을 했던 26세의 맥스웰 컨페이트(Maxwell Confait)로 밝혀졌다.

법의관은 맥스웰 컨페이트의 사망원인이 화재가 아니고 질식사라는 것을 발견했다. 그의 입술은 파랬고, 밧줄이나 끈으로 목이 졸린 흔적이 있었다. 이후 침실의 테이블 서랍

맥스웰 컨페이트(Maxwell Confait)

에서 전선이 발견되었고, 2층으로 올라가는 계단 아래 찬장에서는 램프 하나가 발견되었다.

이 사건에서 법의관은 사망 시간을 확정하기 위해 필요한 '직장 온도'를 측정하지 않았다. 그 이유는 그의 상관이 컨페이트가 '동성애자'일 거라고 의심했고, 그것이 사건과 관련이 있다고 생각해 최근 성행위의 증거를 없애기를 원하지 않았기 때문이다.

수사가 진행되자 첫 번째 용의자로 떠오른 것은 맥스웰 컨페이트가 거주하던 집의 주인인 윈스턴 구드(Winston Goode)였다. 구드는 아내와 이혼한 후 1970년에 컨페이트와 처음 만났고, 1972년에는 컨페이트가 구드의 집에 세입자로 이사했다.

구드는 평소 컨페이트가 여자 옷을 입는 것을 좋아했다. 컨페이트의 방에 불이 났을 때, 집주인인 구드는 자기 방에서 자고 있었다. 불이 나고 잠에서 깨어나자 그는 아내와 아이들(이혼 후에도 아직 그곳에 살고 있었음)을 집에서 대피시켰다. 그 후 그는 경찰을 부르기 위해 Catford Bridge 기차역으로 출발했다. 경찰 인터뷰에서 구드는 컨페이트가 다른 곳으로 이사할 계획이 있음을 알고 있었다고 말했다. 그는 컨페이트에 대한 질투심을 인정하면서도 동성애 관계는 부인했다. 며칠 후, 구드는 혼란스럽고 충격적인 상태에서 벡슬리 정신병원에 입원했고, 사건이 발생하고 지난 며칠을 기억할 수 없었다. 후에 그는 시안화물을 삼켜 자살했다.

## 용의자

컨페이트가 사망한 지 이틀 후인 1972년 4월 24일 월요일, 그 지역에서 여러 건의 화재가 발생했다. 경찰은 18세지만 겨우 8살의 정신연령을 가졌던 콜린 라티모어(Colin Lattimore)를 즉시 체포했다. 라티모어는 15세의 친구 로니 레이튼(Ronnie Leighton)과 함께 Doggett Road에서 불을 피웠다는 것을 시인했고, 그 둘의 친구인 14살 아멧 살리(Ahmet Salih)도 경찰에 수감되었다.

영국의 수사규정 상 청소년을 수사할 때에는 '가능한 한' 부모나 보호자가 동석한 상태에서만 인터뷰를 해야 하며, 그렇지 않은 경우에는 경찰이 아닌 청소년과 같은 성(性)의 사람이 동석하여 신문해야 한다. 그러나 3명의 아이들은 모두 성인이 동석하지 않은 상태로 질문을 받았다. 변호사도 물론 동석하지 않았다. 후에 라티모어와 살리는 경찰이 그들을 때렸다고 비난했고, 레이튼 또한 경찰 폭력의 희생자라고 주장했다. 끊임없는 신문이 이어졌고, 라티모어는 코피를 흘렸고 살리는 울었다. 마침내 새벽 2시가 되자 라티모어와 살리 둘 다 불을 지른 것을 인정했다. 라티모어는 컨페이트에 대한 살인을 자백했지만 살리는 그 살인을 목격하기만 했다고 진술했다.

### 재판

용의자 3명이 검거된 다음 날인 1972년 4월 25일, 경찰은 그 사건이 해결되었다고 생각했다. 울리히 치안법원(Woolwich Magistates Court)에서 예비 심리가 끝난 후, 라티모어와 레이튼은 살인혐의가 인정되어 애쉬포드 레먼드센터(Ashford Remand Centre)로 보내졌다. 살리는 방화죄와 관련해 보석으로 풀려났다. 세 소년들의 가족과 그들의 법정 대리인들이 재판에서 그 사건을 두고 검찰에 맞섰다. 과학적 증거는 불확실했고 자백만이 있을 뿐이었다. 게다가 이 세 명의 소년들은 모두 법의관과 병리학자가 사망시간을 추정했던 시간 동안 알리바이를 가지고 있었다. 콜린의 경우에는 범행 추정시간 대에 지역 사교클럽에서 본 많은 목격자들이 있었다. 그래서 만약 의학 전문가들의 범행 추정시간이 맞았다면 이 소년들은 그 범죄를 저지를 수 없었던 것이다.

1972년 11월 11일 올드 베일리(Old Bailey)의 법정에서, 배심원들은 콜린 라티모어가 살인과 두 건의 방화죄를 범했다고 평결했다. 그는 「정신건강법」에 따라 무기한 구류 명령을 받았고 램튼 병원으로 보내졌다. 로니 레이튼은 방화죄와 강도죄로 종신형을 선고 받았다. 살리는 레이튼과 같은 범죄로 유죄 판결을 받았지만, 그의 나이 때문에 4년 형을 선고 받았고, 왕립 자선학교(Royal Philanthropic School)로 보내졌다. 1973년 7월 26일, 제임스 판사는 "배심의 판단에 잘못된 방향은 없으며 항소를 정당화할 사실도 없다."며 항소를 기각했다. 경찰의 이들에 대한 폭력혐의도 기각되었다.

### 재조사

콜린 라티모어의 아버지는 아들이 결백하다고 주장하며 여왕, 총리, 내무장관 등에 많은 편지를 썼다. 캐롤 존슨 하원의원도 내무부에 편지를 썼다. 그에 따른 영향이었는지 1974년 2월 총선을 계기로 의회에서 잘못된 판결들을 검토하게 되었다. 의원과 전문가가 협력하였고, 1975년 6월 18일 의회에서 이 사건을 항소법원에 회부하겠다고 발표했다. 항소법원은 세 명의 용의자 모두에 대하여 무죄를 선고하고 즉시 석방하였다.

이 사건에 대한 범인은 이후 잡히지 않았고 해결되지 못했다. 진상조사를 위해 구성된 '피셔위원회'는 컨페이트 사건의 실패는 '범행 시간 추정 오류'와 용의자의 알리바이가 성립됨에도 이를 무시한 것, 용의자들의 자백이 실행 불가능한 것임을 지적하며 사법정의가 실패하였음을 인정하였다. 경찰의 신문은 강압적이었으며, 신문지를 말아 아이들을 폭행한 것도 확인되었다.

그리고 마침내 1980년 2월 20일 런던의 E.J. George 형사국장과 E. Ellison 수사관은 검찰국장에게 이 사건의 진범은 더글라스 프랭클린 (Douglas Franklin)이라는 보고서를 제출하였다. 경찰의 수사에서 사망 시간 추정이 잘못되었으며, 만일 3명의 어린 용의자가 수사선상에서 배제되었다면 범인은 초기단계에서 부각되었을 것이라고 밝혔다. 이 보고서가 발표되고 진범으로 지목된 프랭클린은 자살하였다. 결국 이 사건의 진범을 사법절차에서 처벌하는 형사정의가 바로 세워지지 못한 채 종결되었다. 다만, 억울한 3명의 피해자들은 분명하게 범인의 낙인을 벗었다는 점으로 만족해야 했다.

이 사건은 영국에서 '실패한 형사정의'가 만천하에 드러난 보기 드문 사례가 되었다. 주목할 것은 우리가 본받아야 할 영국 정부의 태도이다. 영국 정부는 사법실패에 이른 한 사건만을 바로잡는데 만족하지 않았다. 위원회를 구성하여 형사절차 전반의 문제점을 찾아내고, 이러한 오류를 예방하기 위한 여러 가지 대책들을 고민하였다. 즉 하나의 실패한 사건에서 형사사법제도 전반의 문제점에 대한 성찰을 끌어내고, 과단성 있게 제도를 변화시켰다. 피셔위원회는 범죄사건의 수사, 피의자의 권리, 범죄기소에 대한 책임과 관련하여 경찰의 권한과 의무에 관한 정책

변경을 검토하고 권고하였다. 피셔위원회의 결론에 근거하여 왕립 형사소송위원회(1979~1981)가 설립되었고, 이는 1984년 「경찰과 형사증거법」의 제정, 1985년 「범죄기소법」과 '국립기소청'의 설립으로 이어졌다. 이러한 법률들은 현재까지도 전 세계에서 본받을 만한 모범적인 법규로 여겨지고 있다. 허위자백과 오판의 사례가 속속 드러나고 있는 현재의 우리나라는 영국의 발 빠른 변화와 혁신을 눈여겨봐야 할 것이다.

# 4
# 뉴욕 '센트럴파크 조깅녀 사건
# (Central Park Jogger Case)'

트리샤 메일리(Trisha Meili)는 경제학을 전공하고 예일대학교 대학원에서 MBA와 학위를 받은 20대의 인텔리 백인 여성이었다. 그녀가 끔찍한 범죄의 희생자가 된 것은 1989년 4월 19일 밤이었다. 그녀는 뉴욕의 센트럴파크에서 조깅을 하다 강간을 당하고, 뇌손상을 입어 기억을 상실한 상태로 사망 직전까지 간 잔혹한 사건의 희생자가 되었다. 당시 그녀는 투자은행원이었고, 언론은 그녀의 신원을 보호하기 위해 CPJ (Central Park Jogger, 센트럴파크에서 조깅하는 사람)로 지칭하였다. 피해

자는 옷이 벗겨져 성폭행당하고, 심하게 구타당하여 멍들고 의식이 없는 상태로 공원의

뉴욕 센트럴 파크 전경과 피해자 트리샤 메일리

숲에서 발견되었다. 미국에서 'CPJ Case'는 공원에서 조깅하는 평범한 사람 중에 누구든 피해자가 될 수 있음을 의미하는 사건이 되었다. 범죄현장에서 정액이 검출되었으나 당시 DNA분석을 신속하게 할 정도의 기술은 존재하지 않았고 최소 수개월이 걸리는 시절이었다.

뉴욕 경찰은 공원에서 조깅하다 습격당한 여성이 발견되었다는 제보를 받았을 당시 이미 체포된 5명의 청소년들을 신문하고 석방하려던 시점이었다. 이들은 사건이 벌어진 날 저녁 공원에서 난동을 부렸던 10대 청소년들이었다. 이들은 할렘가(Harlem Street)를 통해 공원에 들어갔고, 공원에서 자전거 타는 사람이나 산책하는 사람들을 습격하고 강도 행위를 시도했다. 이들은 경찰사이렌에 놀라 도망치다 검거되었다. 이들은 흑인과 히스패닉계 청소년들로서 일부는 경미한 전과도 있었지만 무고하고 순진한 소년도 포함돼 있었다.

경찰은 이들이 '센트럴파크에서 조깅하던 사람' 즉 CPJ를 공격했다는 결론을 내렸다. 이들에게 장시간 강도 높은 조사가 이루어졌다. 사회적 이목이 집중된 사건으로 피의자들은 잠도 잘 수 없었고, 음식도 제공되지 않은 상태로 가혹한 신문이 계속되었다. 조사 과정에서 '다른 공범자가 이미 자백했다, 너도 공범이라 했다.'라는 기망(속임수)이 있었고, 또 '자백하지 않으면 평생 감옥에서 썩게 하겠다.'고 협박하기도 하였다.

결국, 오랜 조사에 지친 청소년들은 '자백하면 집에 보내주겠다.'는 말에 자백을 하기 시작했고 자백을 하는 상황들은 영상녹화가 실시되었다. 자백하기 전의 기망이나 협박 등은 녹화되지 않았다. 영상에서는 순진한 커리 와이즈가 진술을 잘 못하자 수사관이 현장 사진을 보여주며 진술을 돕고, 주먹으로 피해자를 때렸다고 하자 주먹으로는 피해자처럼 되지 않으니 돌이나 벽돌, 쇠뭉치 정도는 돼야 한다며 진술을 정황에 맞게 유도하는 것이 확인된다.

자백을 토대로 이들은 범죄자로 단정되었고 언론은 400여 건의 기사를 쏟아내며 5명의 무고한 청소년들을 잔인한 범죄자로 낙인찍는다. 그런데 4개월 뒤 피해자의 신체에서 채취된 정액의 DNA검사 결과는 5명 중 아무도 일치하는 사람이 없었다. 이들의 무죄를 증명하는 증거가 나온 것이다. 그러나 수사기관에서는 이것을 무시하고 도주한 또 다른 피의자가 있을 것이라고 주장하였다. DNA조차도 이들의 무죄를 입증하는 증거가 되지 못한 것이다. 이들의 변호인은 아마 예수 그리스도가 변호사라도 이 사건에서는 이길 수 없을 거라고 했다. 이들은 모두 유죄판결을 받아 5~14년의 형을 선고받고 교도소에서 옥살이를 하게 되었다.

그런데 이들이 형기를 거의 마칠 무렵인 13년 후 마티어스 레이어스(Matias Reyes)라는 잔혹하기로 소문난 진범이 검거되었다. 마티어스는 체포되기 전 임신한 여성을 자녀들이 보는 앞에서 강간하고 살해하는 등 4명의 여성을 강간했다. 마티어스의 DNA는 현장에서 확보된 것과 일치했다. 그의 자백은 앞서 5명의 청소년들과 달리 매우 구체적이었고 사실과도 부합했다. 마티어스는 지도를 그릴 수 있을 정도로 정확히 피해자에게 어떻게 접근했는지, 길에서 주운 막대기로 어떻게 머리를 내리쳤는지 진술했고, 강간의 방법까지 세밀하게 진술했다. 그는 피해자의 집 열쇠를 훔쳐 집을 털 계획을 세웠지만 주소를 말하지 않아 화가

마티어스 레이어스

났었다고 진술했다. 그리고 '이 사건 이틀 전 같은 공원에서 다른 여성을 강간했다.'는 경찰이 몰랐던 사건의 정보도 제공했다. 그야말로 허위 자백과 구분되게 모든 의혹을 후련하게 해소해주는 '비밀의 폭로'가 있는 진범의 자백이었다. 무고한 청소년들의 무죄가 인정되었지만 이미 5명 중 4명은 형기를 종료했고, 1명만 잔여형기 6개월을 남긴 시기였다.

마티어스 레이어스의 등장으로 뉴욕주 검사들은 5명의 청소년들이 한 자백을 자세히 검토했다. 검사들은 자백에서 2가지 특징과 문제점들을 발견했다.

첫째, 5명 모두 범죄의 가담 정도를 최소한으로 진술했다. 이들의 주장대로 경찰들이 '너희들은 범인이라기보다 증인으로서 진술하는 것'이라고 회유했다는 주장이 설득력을 갖는 부분이다.

둘째, 소년들의 자백에서 구체적인 범행의 실행, 즉 누가 피해자를 공격하기 시작했는지, 누가 피해자를 때렸고 강간했는지, 당시 무슨 무기를 사용했는지 등 범행의 핵심적 내용에서 자백내용이 대부분 서로 불일치한다는 점이었다.

## 허위자백의
## 위험성과 확산효과

허위자백은 그 자체로 큰 위험성을 갖고 있고, 한 사람 또는 한 사건에 머물지 않고 확산되는 특성을 갖고 있다.

우선 허위자백이 큰 위험성을 갖는 것은 일단 **허위자백을 하면 그것이 진정한 자백이 갖는 힘을 그대로 갖는다**는 것이다. '자백은 증거의 왕'으로 군림한다. 그것이 진실한 자백이든 허위자백이든 다른 증거들을 압도할 만큼 엄청난 신뢰성을 갖게 되고 자백을 한 사람을 범죄자로 단정하도록 하는 힘을 갖는다. 때문에 허위자백은 '선한 왕'이 아니라 유죄의 올가미에서 나오지 못하게 만드는 '마왕'의 힘으로 작용한다. 미국의 한 연구(Richard A. Leo & Steven A. Drizin, 2004)는 30년간 발생한 125건의 허위자백 사례들을 분석하였는데 그에 따르면 허위자백을 하고 기소된 사람들 중 81%나 되는 사람들이 모두 유죄판결을 받았다고 한다.

허위자백이 갖는 또 하나의 위험성은 그것이 다른 사람이나 다른 사건으로 확산하는 소위 확산효과(Multiplying Effect)를 갖는다는 점이다. 이 책에서 소개되는 여러 사례들 중에 공범이 있는 사건들은 모두 허위자백이 한 사람에서 끝나지 않고 공범들에게까지 전이되었음을 알 수 있다. 그 범위는 한 사람에서 최대 7명까지도 확산효과를 보이고 있다. 확산효과는 사람뿐 아니라 사건에도 양적 확산효과를 보인다. 이 책에 소개된 '171건의 누명'에서 다룬 두 사례는 그 전형을 보여준다.

이렇게 확산효과가 발생하는 이유는 '인적 확산'과 '양적 확산'으로 나누어 설명할 수 있다. 먼저 '인적 확산'은 위의 연구((Richard A. Leo & Steven A. Drizin, 2004)에서 30%나 되는 사례들로 확인되었다. 국내의 연구(이기수, 2012)에서도 허위자백의 '인적 확산'효과는 비슷하게 30%를 차지하는 것으로 나타났다.

이러한 '인적 확산'의 이유로 가장 자주 발견되는 것은 '공범의 자백'이다. 즉 공범이 있는 사건에서 수사관은 한 사람이 아니라 여러 사람의 자백이 필요하다. 그런 상황에서 많이 활용되는 신문기법이 바로 '공범이 이미 자백했다.', '너와 함께 했다고 다 불었다. 부인해봐야 소용없다.' '너도 자백하는 게 유리하다.'는 식의 기망(속임수)과 회유이다. 실제로 증거법에서도 공범의 자백은 증거로 활용될 수 있으므로 이는 자백을 이끌어내는 강력한 무기가 될 수 있다. 대부분의 허위자백 사례들에서 처음 자백을 받아낼 때 공범의 자백은 존재하지 않는다. 공범이 자백하지도 않았지만 '공범이 이미 자백했다.'는 기망을 활용하는 것이다.

다음으로 허위자백이 다른 사건으로 번지는 '양적 확산'의 이유는 주로 자포자기 상태의 피의자가 쉽게 수사관의 요구에 부응하는 점에 있다. 절도, 강도 등 수법범죄나 마약, 도박 등 상습성이 있는 범죄에서 일단 한 건 또는 일부에 대해 허위자백을 한 피의자는 수사관이 추궁하는 다른 미제사건의 추궁에도 쉽게 범행을 인정할 가능성이 높다. 결국 이런 취약성은 171건까지도 모두 자신이 한 범행으로 인정할 정도로 비상식적인 확산의 양상을 보인다.

5

# 미국의 '결백 프로젝트(Innocence Project)'와 허위자백

'결백 프로젝트(Innocence Project)'는 1992년 미국의 뉴욕 예시바대학 카르도조 로스쿨(Cardozo School of Law at Yeshiva University)의 베리 셰크(Barry Scheck)와 피터 뉴펠드(Peter Neufeld)가 처음 연구소 형태로 만든 단체이다. 이 단체는 DNA 분석기술을 이용해 무고한 사법피해자를 구제하는 활동을 해오고 있다. 1990년대 초기에 한 해 한두 명의 무죄를 증명하는 데 그쳤던 프로젝트는 한 해 수십 명의 무고한 사람들을 구제하는 단체로 성장했다. 현재는 미국 33개 주를 비롯해 영국, 아일랜드, 뉴질랜드, 캐나다 등 해외로 네트워크를 확산하며 50여

결백 프로젝트 창립자 Barry Scheck(왼쪽)과 Peter Neufeld(오른쪽)

개의 지역사무소를 동시에 가동 중이다.

'결백 프로젝트'가 출범한 이래 현재(2021년 7월 2일 기준)까지 총 5,284명을 대상으로 프로젝트를 진행해 무죄를 확인해준 사례자는 모두 375명이다. 이들의 평균 복역기간은 14년이며, 이들이 유죄판결 받을 당시 평균 연령은 26.6세, 석방 시 평균연령은 43세였다. 21명은 사형을 선고받았다. 진범이 확인된 경우가 165건으로 이 중에는 성범죄 83건, 살인 36건이 포함되었다. 무죄로 석방된 375명 중 아프리카계 미국인이 225명으로 60%를 차지했고, 백인이 117명으로 31%, 라틴계가 29명으로 8%를 차지했다.

이들이 잘못된 유죄판결을 받게 된 주요 이유에는 목격자 오류가 가장 높은 69%를 차지했다. 과학수사의 증거 오류가 43%, 허위자백으로 인한 경우가 29%에 달했다(사유가 중복되는 경우도 존재함). 허위자백을 한 사람 중 49%는 체포 당시 연령이 21세 이하였다. 또한 31%는 18세 이하로 미성년자였다. 허위자백을 한 사람 중 9%는 정신 건강 또는 정신지체가 있었던 것으로 확인되었다.

이 단체가 발표한 통계를 살펴보면 잘못된 유죄판결이나 허위자백이 아주 드문 희귀한 사건이 아니라 형사사법시스템이 갖는 구조적 결함에서 생각보다 매우 빈번하게 자주 발생하고 있는 것임을 알 수 있다. 이처럼 잘못된 유죄판결이 얼마나 자주 발생하는지에 대한 의문에 답을 구하는 연구가 있었다. 2014년 Samuel Gross 연구팀의 발표에 의하면 사형이 선고된 재판 중 약 4%가 잘못된 유죄판결인 것으로 확인된다. 또한 2018년 Charles Loeffler와 동료들의 연구에 의하면 대체로 교도소 인구의 약 6%에 달하는 사람들이 잘못된 유죄판결의 희생자인 것으로 발표

결백 프로젝트(Innocence Project) 홈페이지(innocenceproject.org)

되었다.

많은 사람들이 무고함에도 유죄를 선고받고 감옥에서 살아가다 다행히 무죄를 입증받았다. 어떤 이는 무죄가 입증되었음에도 이미 죽은 경우도 있고, 어떤 이는 오빠의 결백을 증명하기 위해 가족과 생계를 내던지고 변호사가 되어 오빠의 결백을 입증해낸 사례(영화 '컨빅션'으로 제작됨)도 있다.

이러한 '결백 프로젝트'의 활동을 통해 얻는 교훈 중 하나는 비록 상상조차 할 수 없는 것처럼 보일지라도 무고한 사람들이 다양한 이유로 저지르지 않은 범죄를 자백한다는 것이다. 사회과학자들과 법률학자들은 특정한 신문기법이 허위자백의 위험성을 높인다는 것을 연구를 통해 확인했다. 수사기관에서 활용되는 신문기법이 학문적 검증을 통해 허위자백의 가능성이 있다고 인정된다면 그것이 진범을 잡는데 도움이 되더라도 허용되어서는 안 될 것이다. '10명의 진범을 놓치더라도 1명의 억울한 사람을 만들어서는 안 되는 것'이 우리의 형사법이 가진 사명이기 때문이다.

영화 컨빅션의 포스터와 실제 주인공 워터스(Waters) 남매의 사진

(결백 프로젝트의 사례 중 오빠의 무죄를 입증하기 위해 변호사가 되어
16년간 노력한 베티앤 워터스와 그녀의 오빠 케니 워터스의 이야기)

# 6

# 일본의 허위자백 사건

일본에서는 2005년도 하마다 스미오라는 학자가 쓴 「자백의 연구」에서 허위자백의 여러 사례들이 연구대상으로 분석되고 있다. 그리고 2015년에는 그의 연구와 연관성이 있는 우치다 히로후미의 「전락자백(轉落自白)」이라는 책에서 좀 더 최근의 사례가 소개되고 있다. 이미 두 연구를 통해 일본의 허위자백에 대하여 많은 사례들이 보고되어 있다. 여기서는 자백을 연구함에 있어 유사성과 특성을 갖는 일본의 대표적 허위자백 사례들을 살펴보기로 한다.

## 6-1. 5명의 소년이 한 허위자백 – 1979년 오사카 강간살해 사건

1979년 오사카(大阪)부(府) 가이즈카 시(市)에서 심야에 귀가하던 27세 여성이 근처 밭의 비닐하우스로 끌려들어가 강간당하고 살해된 사건이 발생하였다. 피해자와 함께 살던 동거남은 이전부터 알고 지내던 한 소년을 의심했다. 그는 소년을 데려다 포박한 후 폭행하고 협박해 범행을 자백시키고, "우리가 그 여성을 살해했습니다."라는 혈서를 쓰게 한 뒤 경찰에 인계하였다. 경찰은 소년의 자백에 근거해 4명을 더 체포하고, 전원에게서 자백을 받아냈다. 이 소년과 그 친구들 4명은 기소되었다. 자백을 했던 소년들은 1심 법정에서 범행을 모두 부인했지만, 주범 징역 18년, 그 외 4명에게 징역 10년이 선고되었다. 그 중 4명은 항소하였고, 1명은 '가망이 없다.'고 보고 항소를 포기하였다.

그런데 그 후 피해자의 신체에서 검출된 체액이 모두 피고인들의 혈액형과 일치하지 않는다는 사실이 밝혀졌다. 게다가 피고 4명은 사건당일 밤의 알리바이도 명확했다. 결국 항소심은 항소한 소년 4명에게 무죄를 선고했다. 항소를 포기했던 소년 1명도 재심을 청구해 무죄가 선고되었다. 항소심이 진행되던 중 피고인들은 각종 언론 매체에 자신들의 사정을 호소했고, 취재에도 적극적으로 응했다. 요미우리신문은 피고들로부터 자백을 하게 된 이유를 수기로 받아 공개했다. 피고 중 1명은 취조실의 모습을 다음과 같이 적고 있다.

가이즈카 경찰서의 취조실은 다다미 넉 장 반 정도의 크기였고, 책상 두 개와 벽장이 하나 있었습니다. 벽에는 시계가 하나 걸려 있었습니다. 취조실에 들어서자 형사는 책상을 창가에 붙이고 나를 취조실의 중앙에 서게 했습니다. 주임은 내 옆에 앉았고, 차를 운전했던 형사 A는 나의 정면에 섰습니다. 형사 B는 나의 좌측에 섰습니다. 형사 A가 "네가 사고를 쳤다는 그 자식이냐?" 하고 크게 소리쳐서 내가 "무슨 말씀이십니까?" 하고 답하자 갑자기 A가 목장갑을 낀 오른손 주먹으로 나의 왼쪽 귀 위쪽을 때렸습니다. 바로 이어서 B가 나의 왼쪽 다리, 무릎 주변을 찼습니다. 맞은 고통으로 저는 놀라 아무런 생각도 할 수 없었습니다. 그대로 계속 입을 다물고 있자 A와 B는 몇 번 더 때리고 머리카락을 뽑아버릴 듯이 잡아당기고, 내 머리를 벽에 박아댔습니다.

…그렇게 1시간 반 정도 계속되고 …그럼에도 내가 인정하지 않자 "네가 딱 고집불통이구나. 이렇게 해서는 자백할 리가 없지."라고 말한 뒤, "이 자식한테 수갑 채워."라고 지시하자, A는 바로 내게 수갑을 채우고, 나를 바닥에 정좌시켰습니다. 마루는 시멘트로 되어 있어서 그곳에서 정좌하는 것은 정말로 괴로웠습니다. 그 상태로 A, B 두 사람에게 구타당했습니다. A는 일부러 수갑을 강하게 채웠기 때문에 수갑이 나의 손목을 점점 조이기 시작했습니다. 그 통증은 정말 견디기 어려울 정도였습니다. 2-30분 동안 정좌당하고 일으켜 세워져서 맞고, 걷어차이고, 다시 정좌당하고. 이런 행동이 반복되었습니다.

다시 1시간이 흘렀습니다.

그러자 주임이 "다른 일당들은 이미 다 자백했어. 너 하나만 지금까지도 고집을 부리고 있으면 답이 없잖아. 인정해버려"라고 말하기 시작했습니다. 그때 수갑 때문에 손목이 너무 아파서 몇 번이고 "느슨하게 해주십시오."라고 부탁했지만 그들은 들은 척도 하지 않았습니다. 지칠 대로 지친 나는 무슨 사건인지도 알지 못하지만 다른 일당들이 자백했다고 하는 이야기를 들었고, 나의 말을 아무도 들어주지 않았기 때문에, 어찌할 바를 모르고 단지 그 당시의 괴로움에서 도망치고 싶다고 생각했습니다. 그리하여 경찰의 페이스에 말려들어 범죄를 인정해버렸습니다.

경찰의 취조를 받은 것도 처음이었고 묘수도 없어서 앞뒤 분별없이 그냥 인정해버렸습니다. '어차피 나는 무고하니까 지금은 그냥 인정하고 나중에 사건을 차차 알면 될 거야.'라고 가볍게 생각했습니다.

이 사건의 피의자들 5명이 모두 자백을 했는데 체포될 당시 왜 체포가 되었는지도 잘 몰랐다. 그러나 경찰에게 심하게 폭행당하고 수 시간 동안 학대당해 사건조차 제대로 알지 못한 채 자백했다. 이에 대해 재판부에서는 '폭행·협박이 있었다 해도 흉악한 중대범죄에 있어서 피의자가 허위자백을 할 리 없다. 피의자가 진범이었기에 자백했다고밖에는 볼 수 없다. 또 가장 나이가 많은 리더 격의 피고에 대해서는, 사형에 처해질지도 모른다는 생각을 하면서 자백하였다. 죄질을 경감시키려고 허위자백을 했을 경우도 고려해야 하지만, 범행 대강의 사정이 다른 공범자 4명의 자백과 대체로 합치하기에 임의성은 두말할 것도 없이 신빙성 또한 만족시키므로 이 자백은 인정할 만하다.'고 판단하였다.

그러나 이러한 법원의 판단은 오히려 허위자백을 현실과 매우 동떨어지게 보는 잘못된 판단이다. 무고한 피의자는 오로지 취조과정에서의 고통을 견디지 못하여 '일단 여기서는 인정하고 후에 무고를 증명하면 되겠지'하고 생각해버린다. 이것은 무고한 피의자들에게서 보이는 매우 보편적인 패턴이다.


## 6-2. 무시된 알리바이와 증거 – 2002년 도야마 히미 사건

2002년 1월 14일 일본 도야마(富山)현 히미(氷見) 시에서 18세 소녀가 강간당하는 사건이 발생하였다. 그리고 2개월 후인 3월 13일에 다시 16세 소녀가 강간미수 피해를 당한 사건이 발생하였다. 경찰은 두 피해 소녀의 증언을 근거로 몽타주를 만들어 수사를 시작했다. 그러자 히미 시내의 운전 대행 회사와 택시회사에서 제보가 들어와 J씨가 범인으로 수사선상에 올랐다. 피해자인 소녀들에게 범인의 사진과 얼굴을 보이게 하는 범인 식별절차를 진행하자 피해 소녀들은 그가 범인이라고 증언했다. J씨는 두 사건의 범인으로 체포, 기소되었다. J씨는 수사 초기 단계에서는 범행을 부인했으나 곧 자백하였고 2002년 11월 징역 3년의 실형이 선고되었다. J씨는 항소하지 않았고 유죄판결이 확정되었다. J씨는 2005년 1월에 2년 정도를 복역하고 가석방되었다. 그리고 그해 7월 19일 형기가 종료되었다. 이로써 이 사건은 범인을 잡아 처벌을 완료하고 종료된 것으로 믿었다.

그런데 2006년 8월 돗토리 현에서 강제외설제(일본 형법 제176조: 남녀에 대하여 폭행 또는 협박으로 외설행위를 한 자는 6월 이상 10년 이하의 징역에 처한다) 혐의로 체포된 범인의 수법이 도야마 히미 사건과 유사했기 때문에 그 범인에게 여죄를 추궁하자, 도야마 히미 사건의 범죄를 자신이 저질렀다고 인정했다. 그리고 2007년 1월 도야마 현 경찰은 J씨의 무고함을 발표했다. 검찰은 재심 청구를 하였고, 법원은 J씨의 무죄를 선고하였다.

J씨의 혈액형과 DNA는 이 사건의 진범과 달랐고, 두 사건에 모두 남겨진 신발자국의 사이즈가 J씨의 신발 사이즈와 전혀 달랐던 점 등 J씨의 유죄 선고에는 의심스러운 점이 있었다. 그러나 수사기관은 J씨의 혈액형이나 DNA 감정 결과를 증거로 제출하지 않았다. 피해 소녀들에게 진행한 범인 식별절차도 여러 명의 다른 사람들 중에서 범인을 선택하게 하는 방법이 아니라 J씨만을 보여주고 범인 여부를 묻는 불충분한 방법으로 이루어졌다. 피해 소녀들은 범행을 당할 때 눈이 가려져 있어 범인을 제대로 볼 수도 없었다. 검찰은 이런 의문점을 확인하지 않고 자

백을 한 J씨를 범인이라고 확신했고, 변호인은 친족을 통해 피해 변상을 하는 등 J씨가 범인이라는 전제하에 정상참작을 구하는 변호활동을 했었다. 법원도 역시 J씨의 자백을 믿을 수 있다고 판단해 유죄판결을 선고했던 것이다.

이 사건의 의문점은 무고했던 J씨가 왜 허위자백을 했으며, 그 자백을 법원에서는 물론 형기를 종료하기까지 한 번도 번복하지 않고 있었는지 하는 점이다. 먼저 J씨가 사건의 범인으로 몰린 것은 피해자들의 진술을 근거로 그린 몽타주에 의해서였다. 몽타주는 '눈이 크고, 쌍꺼풀, 얼굴은 가늘고 길다.'라는 진술 정도여서 개인을 특정하기 어려운 수준이었다. 그런데도 몽타주가 J씨를 닮았다는 소문이 있었고, 피해자들에게 사진을 보여주자 그가 범인이라고 증언했던 것이다. 경찰은 이를 토대로 곧바로 J씨를 체포하지 못하고 임의동행(본인의 동의를 기초로 영장 없이 동행하는 것)하여 취조를 시작한 것이다. 취조는 아침 9시부터 밤 11시경까지, 12시간 이상 지속되었다. J씨는 당연히 범행을 부인했고, 무죄를 주장했다. 그러나 몇 번이나 길고 긴 취조가 반복되자 허위자백을 했던 것이다.

J씨는 지속되는 추궁 속에서 범행을 부인했지만 반복되는 장시간의 취조 속에서 '머릿속이 뜨겁고, 멍해져서 새하얀 상태'가 되어 취조실 마루에 쓰러졌다. 그런데도 추궁이 계속되어 "네 누이가 '(네가 범인이) 틀림없으니까 마음대로 대하라'고 말했다."고 하거나 이미 돌아가신 어머니 사진을 들이대기도 했다. J씨는 절망적인 심정이 되어 이제 무엇을 말해도 부질없다는 기분으로 허위자백을 하게 되었다.

수사 과정에서 J씨의 알리바이를 확인할 수 있었다. 두 번째 강간미

수 사건 범행 시각에 J씨는 집에서 2곳에 전화를 걸었고 경찰은 전화요금 명세를 입수했다. 그리고 앞서 밝혔던 범죄현장의 신발 크기가 J씨와 전혀 달랐다. 그럼에도 선입견에 사로잡힌 수사관들은 피의자의 무죄를 입증해 줄 증거들을 무시하고 잘못된 확신을 갖고 피의자를 범인으로 몰아갔던 것이다.

## 6-3. 지적장애와 허위자백 − 우쓰노미야 사건

2004년 4월 29일 도치기 현 우쓰노미야 시내의 양과자점에서 한 남자가 식칼을 들이대며 현금을 빼앗은 강도사건이 발생하였다. 그리고 1주일 정도 지난 5월 6일에는 우쓰노미야 시내의 슈퍼마켓에서 남자에 의한 같은 수법의 강도사건이 발생했다. 그 후 3개월 후인 8월 8일 우쓰노미야 시내의 노상에서 한 남자가 여중생 2명의 목을 조르는 폭행사건이 발생하였다.

마지막 폭행사건이 일어난 다음날 경찰은 우쓰노미야 시의 남성 K씨를 폭행사건의 용의자로 체포했다. 그 후 K씨는 앞의 강도사건 2건에 대해서도 자백함으로써 3건의 사건에 대해 기소되었다. 그런데 K씨는 꽤 심각한 지적장애가 있었다. 이 사건 전에도 K씨는 경찰에 여러 번 검거된 적이 있었지만 정신감정에서 중증의 지적장애가 있다는 결과가 나와 불기소되었다. 이 사건과 관련해 경찰은 이미 불기소의 경위도 알고 있었고, K씨가 장애연금을 받고 있다는 사실도 파악하고 있었다.

K씨의 변호인은 처음 면회를 하면서 범행을 인정하는지 묻자 "응"이라고 답했기 때문에 법정에서 검찰이 제출한 자백조서 등을 모두 증거

로 할 것에 동의해버렸다. K씨의 자백조서는 범행을 술술 자백하는 문체로 쓰여 있었다. 첫 번째 공판에서 K씨는 2건의 강도와 1건의 폭행사건을 모두 자백했다. 검찰은 징역 7년을 구형했다. 그런데 내내 범행을 인정하던 K씨가 2004년 12월 24일 판결 선고를 하는 날 법정에서 범행을 부인했다. 이로 인해 재판의 심리가 연장되었고, 2005년 1월 11일에 변호인의 청구로 K씨의 정신감정을 진행하기로 결정하였다.

한편 그런 와중에 2005년 1월 17일 양과자점과 슈퍼마켓 강도사건의 진범이 검거되었고 2건의 범행을 모두 자백했다. 진범은 사진 30장에서 피해자 3인의 사진을 선택할 수 있을 정도로 명확히 기억했다. 또 진범의 집에서 범행에 사용된 구멍이 두 개 난 털실모자, 식칼, 검은 점퍼, 운동화도 발견되었다. 이 운동화의 발자국은 양과자점 현장에서 발견된 발자국과 일치했다. 진범의 처가 분홍색 선글라스도 임의제출했다. 진범은 양과자점 강도사건 다음 날 대금업자에게 13만 엔을 갚았다.

반면 K씨의 진술은 자백의 일관성이 없는 특징을 보였다. 빼앗은 빨간 주머니를 버린 장소가 강에서 산으로 바뀌고, 눈 부분만 뚫린 모자를 가게에서 구입했다고 했다가 '주웠다'로 바뀌고, 선글라스가 집에 있다고 했다가 도주 중에 없앴다는 진술로 바뀐다. 또한 슈퍼마켓 강도사건에서도 범행 전에 자전거를 세웠던 위치가 달라지고 식칼을 바지 허리띠에 끼워서 갔다고 했다가 수건에 싸서 바지 허리춤에 끼웠다고 하고, 다시 점퍼 상의의 안쪽에 숨겨서 갔다는 진술로 바뀐다. 이렇게 범행의 핵심적인 내용들이 조사를 거듭하면서 바뀌는 것은 허위자백이 갖는 전형적인 특징 중의 하나다.

진범이 검거된 후 검찰은 K씨를 다시 취조해 문답 형식의 조서 18통을 작성하였는데 이 과정에서 K씨는 이전 조서에 나타난 자백을 술술 말하는 정도의 의사표현 자체가 불가능하다는 것이 분명해졌다. 그런 K씨에 대하여 경찰, 검찰은 신뢰할 수 있는 사람이나 변호인을 동석시키지 않고 조사했고, 지적장애를 가진 K씨가 말하는 대로가 아닌 경찰이 원하는 대로 진술조서를 작성했던 것이다. K씨는 질문의 의미도, '예'라는 답변의 의미도 충분히 이해하지 못했다. 취조에서 그저 그때그때 떠오르는 생각으로 응답을 했고, 한 번 '했다'고 말한 이후에는 '하지 않았다'고 말하면 취조관이 화를 내는 등 부정적인 반응을 보이는 것이 두려워 '했다'고 일관되게 응답을 한 것이다. 결국 기소를 했던 검찰이 도리어 법정에서 2건의 강도에 대하여 K씨의 무죄를 주장하였고, 법원은 3번째 폭행 범행에 대해서만 벌금 20만 엔을 선고하고, 강도사건에 대해서는 모두 무죄를 선고하였다.

# 취약성을 가진 사람들(Vulnerable People)

의학적으로 또는 심리학적으로 취약성을 가진 사람들은 형사절차에서 특별하게 취급될 필요가 있다. 여기에는 미성년자, 지적장애, 발달장애, 학습장애, 우울증이 있는 사람 등이 해당된다. 이들은 공격, 비난, 유혹 등에 쉽게 영향을 받고 그로부터 자신을 지켜내기도 힘들다. 이런 이유로 '취약성을 가진 사람들'은 형사절차에서 특별히 처우되어야 한다.

이들을 일반인과 같은 방식으로 대하면 수사하는 과정에서 진실을 말하지 못하고 허위자백을 하는 경우가 발생할 수 있다. 허위자백을 하는 경우 형사절차에서 진범을 검거하지 못해 또 다른 범행을 할 기회를 제공하게 되며, 형사절차는 불필요한 인력과 많은 예산을 낭비하며 신뢰도도 크게 저하되는 최악의 실패를 초래하게 된다. 실제로 실증적 연구들에 따르면 허위자백을 하는 사람들 중 30% 정도가 이들 취약성을 가진 미성년자나 지적장애를 가진 사람들이라는 놀라운 결과를 보이고 있다.

이를테면 미성년자나 지적장애가 있는 사람들은 질문의 의미를 잘 이해하지 못하는 경우가 많고, 권위를 가진 어른들로부터 야단맞는 것을 두려워하여 진실과는 관계없이 상대방이 원하는 답변을 할 가능성이 크다. 특히, 신문과정에서 경찰관이나 검사 앞에서 위축되고 이들로부터 야단을 맞거나 이들이 원하지 않는 답변을 하는 것을 두려워해 범죄를 행하지 않았으면서도 그들이 원하는 대답, 즉 '네(yes)'를 내놓게 되는 것이다. 같은 질문을 반복하거나 일그러진 표정을 짓거나, 윽박지르는 경우에 이들에게서는 진실과 다른 엉뚱한 답변이 나올 가능성이 높아지는 것이다.

심리학에서는 이처럼 '취약성을 가진 사람들'에 대하여 어떤 식으로 질문을 해야 하는지, 어떤 환경을 조성해 주어야 하는지 연구를 진행하고 있다. 주로 성적 학대의 피해자, 범죄의 피해자들의 진술을 보다 정확히 확보하기 위한 주제로 연구가 진행되어 왔다. 그러나 아직 충분한 연구가 이루어졌다고 보기 어렵고, 특히 형사사법절차에서 이들이 어떻게 처우되어야 하는지에 대하여 보다 심도 있는 연구와 그를 통한 대책의 마련이 아쉽다.

7

# 중국의 허위자백 사건

### 7-1. '녜수빈 사건'– 옥수수밭 살인의 추억

1994년 8월 허베이(河北)성 스자좡(石家庄) 교외에서 공장 직공인 한 여성이 자전거를 타고 가던 중 옥수수밭으로 끌려가 성폭행 당하고 살해된 끔찍한 사건이 발생했다. 사건 발생 후 한 달여 만에 당시 21살이었던 녜수빈(聶樹斌)은 자신이 일하던 전기화학공장의 기숙사에 있다

가 허베이성 공안국에 끌려갔다. 이유는 여공 성폭행 살인사건의 범인이라는 것이었다. 어린 녜수빈은 범행을 부인했지만 구타 등 모진 고문이 가해졌고, 이에 못 이겨 허위자백을 했다. 이듬해 3월 1일 재판, 4월에

생전의 녜수빈

열린 최종심에서 사형이 선고됐고, 선고 이틀 만에 사형이 집행됐다. 이 사건은 중국에서 가장 유명한 '오심 재판'으로 꼽히는 '녜수빈 사건'이다.

그로부터 10년이나 지나고 2005년 살인·성폭행 혐의로 허난성 공안국에 체포된 38세 왕슈진(王书金)은 자신의 여죄를 자백했다. 1982년 성폭행으로 3년형을 선고받고 복역한 그는 이후 6명을 성폭행하고 살해했다고 털어놓았다. 그 중 하나가 1994년 여름에 일어난 옥수수밭 살인 사건이었다. 10년이나 지난 일이었지만 그의 '살인의 추억'은 매우 뚜렷했다.

> "공장에 난방 설비를 설치하고 돌아가는 길이었는데, 그날 날씨가 정말 더웠어요. 멀리서 푸른색 꽃무늬 원피스를 입은 서른 살 정도 되는 여자가 자전거를 타고 오는게 보였죠. 옥수수밭에 몸을 숨기고 그 여자가 다가오기를 기다렸다가 가까이 왔을 때 뛰쳐나가 자전거를 막아섰어요"

하지만 왕슈진의 자백에도 녜수빈의 억울함은 쉽게 풀리지 않았다. 2007년 허난성 법원은 왕슈진에게 녜수빈 사건의 혐의를 제외하고 3명의 살인 혐의로 사형을 선고했다. 2013년 녜수빈 사건을 재심한 허베이성 고급인민법원도 왕슈진이 옥수수밭 살인사건의 진범이 아니라고 판결했다. 왕슈진의 기억이 명확하지 않으며 증거가 불충분하다는 이유였다. 길고 긴 법정 싸움 끝에 2016년 12월 2일에 이르러서야 최고인민법원이 녜수빈에게 무죄를 선고했다. 그가 억울하게 형장의 이슬로 사라진 지 21년이 지난 후였다.

녜수빈의 무죄가 밝혀진 것은 중국의 관영매체가 표현한 '법치주의의 승리'가 아니라 두 번의 행운이 있었기 때문이라고 할 수 있다. 첫째는 2014년 10월 시진핑 주석이 중국 공산당 제18기 중앙위원회 제4차 전체회의에서 의법치국(依法治國)을 선언하고, 사법제도 수술에 착수하며 녜수빈 사건이 다시 주목을 받았다는 점이다. 둘째는 허베이성 정법위원회 서기인 장위에(張越)가 2016년 8월 뇌물 수수 혐의로 낙마했기 때문이다. 중국의 정법위원회는 공안·사법·정보를 총괄하는 중국 공산당의 독특한 조직으로 당 중앙위원회와 함께 막강한 권력을 행사한다. 사법과 공안을 함께 다스리는 상급기관의 체면 때문에 재판정에서 공안의 잘못된 수사를 인정하기가 쉽지 않다. 2007년부터 허베이성 정법위원회가 특별팀을 꾸려 옥수수밭 살인사건을 조사했지만 어떤 후속 결과도 내놓지 않았다. 수사 과정에서 고문으로 허위자백을 받아낸 공안의 잘못은 곧 정법위원회 스스로 잘못을 인정하는 것이기 때문이다. 그러나 정법위의 수장 장위에가 낙마하면서 사법당국이 공정한 판결을 내릴 수 있는 밑거름이 만들어졌다.

이듬해 녜수빈의 억울한 죽음에 대해 고급인민법원은 그의 부모에게 268위안(한화 약 4억 3천만 원)을 배상하라고 판결했다. 하지만 이미 젊은 청년은 억울한 주검이 되어 있고, 꽃다운 나이의 청년의 인생은 어떤 형태로든 되돌릴 수 없게 되었다.

## 7-2. 신고자가 범인으로 둔갑한 '후거지러투' 사건

1996년 4월 9일 저녁 8시경 18세의 후거지러투(呼格吉勒圖)는 자신이 일하던 중국 내몽고의 한 공장 근처 화장실에서 여성 시신을 발견하고 공안에 신고하였다. 사망한 여성 피해자는 강간 후 살해된 것으로 밝혀졌다. 그런데 피해자를 발견해 신고한 후거지러투는 아이러니하게도 범인으로 몰렸다.

후거지러투 생전 모습

그해 5월 23일 후허하오터(呼和浩特)시 중급인민법원은 1심 판결에서 그에게 사형을 선고했다. 혐의는 음주 후 화장실을 찾은 후거지러투가 여자 화장실에서 인기척이 들리자 건너가 량모 씨를 폭행, 강간하고 살해했다는 것이다. 후거지러투는 1심 판결에 불복해 항소했다. 하지만 후허하오터시 최고인민법원은 6월 5일 서면자료를 심사한 뒤 재판도 없이 1심 판결을 지지한다는 결정을 내렸고 6월 10일 후거지러투에 대한 사형이 총살형으로 집행되었다. 피해자의 시신 발견부터 사형집행까지 62일밖에 걸리지 않을 정도로 일사천리로 형 집행이 이루어졌다.

그런데 9년이 흐른 2005년 자오즈홍(趙志紅)이라는 연쇄강간살인범이 검거되면서 극적인 반전이 이루어진다. 자오즈홍은 1996년 4월부터 2005년 7월까지 근 10년 사이에 후허하오터시와 울란차부 등지에서 27차례 강탈, 강간, 살인 사건을 벌였다고 자백했다. 그 중에서도 가장 처음에 범행한 것이 바로 후거지러투가 혐의를 받은 강간살인사건이었던 것이다. 사건현장에 대한 자오즈홍의 진술은 구체적이었고 후거지러투가 설명하지 못했던 의문점들도 상세하게 답했다. 그리고 피해자의 헤어스타일과 색상에 대해서도 자오즈홍의 진술이 후거지러투의 진술보다 더 정확하게 묘사되었다.

후거지러투의 부모님은 아들의 무죄를 확신하며 최고인민법원에 재심판결을 요구했다. 그러나 그마저 검찰에서 진범에 대한 기소를 진행하지 않자 진범인 자오즈홍이 '목숨으로 죗값을 치르겠다.'는 투서를 검찰에 제출하였고, 한 언론 기자의 노력으로 매스컴에 알려지게 되었다. 검찰과 법원도 더 이상 재처리의 진행을 미룰 수 없었다. 사건 발생 18년이 지나고 2014.12.15일 내몽고 고등법원은 드디어 후거지러투에 대한 무죄판결을 선고하였다. 후거지러투는 강압수사를 받아 허위자백을 한 것으로 알려졌는데 중국정부는 후거지러투가 수사 과정에서 어떤 강압수사를 당했는지는 구체적으로 밝히지 않고 있다. 진범 자오즈홍은 2015년 초 사형이 집행되었다.

후거지러투 가족은 국가로부터 손해배상금 206만 위안(약 3억 7,500만원)을 받았다. 후거지러투의 부모는 배상금으로 억울하게 사형된 아들의 묘지를 새로 마련해주기로 했다. 그리고 후거지러투를 가해자로 몰아 억울하게 희생시킨 관련자 27명에 대한 책임추궁도 이어졌다. 경찰 12명, 검찰 7명, 법원관계자 8명이 엄중경고와 행정처분 등의 처벌을 받았다. 그 중에서 사건책임자였던 펑즈밍은 재심을 통해 사건이 뒤집히고 나서 체포되었고, 뇌물수수와 불법총기 및 탄약소지죄로 징역 18년, 벌금 110만 위안(한화 약 1억 8천만 원)을 선고받았다.

또한 중국 최고 사법기관인 최고인민법원과 최고인민검찰원이 후거지러투 사건에 대해 전국인민대표대회에서 사과했다. 최고인민법원은 여기에서 2014년 각급 법원의 재심에서 결과가 바뀐 사건은 1137건에 달했고 이 가운데 700명이 무죄를 선고받았다고 밝혔다.

제2장

우리나라의
허위자백 스토리

8

# 고문으로 점철된 숱한 허위자백들

## 고문과 허위자백

역사적으로 고문은 허위자백과 밀접한 관련을 갖고 있다. 대부분의 고문은 '선뜻 자백을 하지 않은 사건'과 관련이 있다. 그리고 '선뜻 자백을 하지 않은 사건들' 중에는 진범의 사악함 또는 무고한 사람의 억울함이 병존한다. 어떠한 경우이건 죄를 짓지 않고 고문을 당하는 사람의 입장이 되면 이것처럼 억울하고 고통스러운 일은 없는 것이다. 죄를 짓지도 않았는데 고문을 당하는 것 자체가 엄청난 정신적·육체적 고통을 주는 일이요, 거기서 끝나지 않고 짓지도 않은 죄를 자백하도록 강요받는 것은 도저히 견딜 수 없는 일인 것이다. 그러나 짓지도 않은 죄를 처음부터 순순히 자백할 가능성은 희박하므로 무고한 사람일수록 고문을 접하게 될 가능성이 더욱 높은 것이다. 이와 관련해 근대 형사법의 문을 열어젖힌 고전 체사레 벡카리아의 「범죄와 형벌」에서는 다음과 같이 설명하고 있다.

> 고문의 사용에 필연적으로 수반되는 이상한 결과 중의 하나는 결백
> 한 자가 범죄자보다 열악한 상황에 놓이게 되는 것이다. 만일 둘 다 고
> 문을 당한다면, 상황은 결백한 자에게 전적으로 불리하다. 그는 하지
> 도 않은 범죄를 자백하고 형의 선고를 받든지, 아니면 부당한 고문의
> 고통을 치른 뒤에 무죄를 받든지 택일할 수밖에 없다. 반면, 범죄자는
> 유리한 상황에 놓여있음을 알게 된다. 즉 고문의 고통을 굳게 견뎌냄
> 으로써 무죄 선고를 받게 된다. 그는 보다 적은 형벌(고문)을 감내함
> 으로써 더욱 중대한 형벌을 면할 수 있었던 셈이다. 이같이 결백한 자
> 는 잃을 것밖에 없는 데 반하여, 범죄자는 무언가 얻을 것이 있는 셈
> 이다.

한편 고문을 당하면 허위자백을 할 가능성은 더욱 높아지게 된다. 인
간으로서 존엄을 능멸당하고, 육체적으로 견뎌낼 수 없는 고통을 가하
는 상황에서 사람의 영혼은 종잇장처럼 가볍고 약할 수밖에 없다. 당해
보지 않으면 말로 표현하기도 어려운 고통과 모욕과 정신의 파멸 앞에
서 지은 죄건 짓지 않은 죄건 고문을 행하는 자가 원하는 어떠한 대답도
요구대로 뱉어낼 수밖에 없는 것이 고문의 실체인 것이다. 허위자백은
'내가 했다'에서 끝나지 않는다. 그건 그저 고문의 잔인한 시작일 뿐이
다. 허위자백의 다음 단계인 6하 원칙에 의한 '누가, 언제, 어디서, 왜,
무엇을, 어떻게 했나'의 구체적인 사실을 만들어내는 단계가 더 길고 고
통스런 고문의 과정이다. 무고한 사람일수록 사건의 내막을 알 리 없고,
고문하는 자가 짜놓은 시나리오에 맞춰나가야 하기 때문이다. 고문은
수사를 통해 확인된 사실이나 미리 조작된 각본에 맞는 내용이 모두 토

설되어야 끝이 나는 것이다.

## 피의자 신문실 내 고문의 뿌리

고문은 배후에 독재적이고 부도덕한 권력과 맞닿아 있는 경우가 많다. 선진문물을 전수한다는 미명 하에 20세기 서구 제국주의 국가들이 식민지에서 모두 고문을 행하고 있었고, 일제가 우리에게 했던 고문은 더욱 악명이 높은 것이었다. 일제는 '한일합병'조약이 체결, 공포되는 동안 조선인의 집회를 금지시키고, 「조선태형령」을 시행하였다. 태형은 죄인의 볼기를 매로 치는 형벌인데, 조선태형령에는 '비밀리에 집행하며'(제11조), '조선인에 한하여 적용한다'(제13조)라고 규정함으로써 식민지 치안법의 본질을 분명히 보여주고 있다. 식민지가 된 조선인을 합법적으로 매질할 수 있도록 한 것이다. 이런 연유로 일제가 이 땅에 근대적 경찰기구를 도입하는 초기부터 우리 민족은 경찰을 매질하는 기관으로 인식하게 되었다. 「조선태형령」은 3·1운동 이후 폐지되었지만 일제는 '합법적'인 태형을 은밀하고 불법적인 고문, 즉 신체에 직접 해악을 가하는 신문기법으로 모양을 바꾸었다. 그리고 독립운동가들에게 행해지던 일제 경찰의 고문은 해방이 된 이후에도 우리 경찰에 그대로 남아 있었다. 기자였던 조갑제는 그의 저서 「고문과 조작의 기술자들」에서 다음과 같이 설명하고 있다.

일제 고등계 출신의 한국인 형사들은 독립운동가들을 고문하던 그 기법을 그대로 국립경찰에 이식시켰다. 물고문 등 고문 수법이 지금까지도 변함없이 왜경의 그것을 그대로 따르고 있는 것도 이 때문이다. 더구나 일제는 독립운동가들에 대한 직접 고문을 주로 조선인 고등경찰에게 시켰기 때문에 그 더러운 버릇을 익히고 있었던 것이다. 해방 뒤 일본에선 특고경찰들이 공직에서 모두 추방되었으나 한국에선 권력의 심장부에 남아 그 잔재를 계승한 것이다. 그 뒤 정치적 사건 조작이 많아지면서 억지 자백을 얻기 위해 고문은 더욱 기승을 부리게 된다. 민중에 뿌리를 내리지 못하고 권력에 매달린 경찰일수록 고문을 즐긴다.

혹자는 조선시대에도 고문이 있었으니 일제로부터 고문이 유래했다고 할 수 없다는 주장을 할 수도 있다. 그러나 조선시대는 공개적으로 법률에 규정된 방법에 의해 고신(拷訊)이 진행되었다는 점에서 크게 다르다. <경국대전>에 보면 장(杖)의 종류, 제식, 사용법 등에 일정한 제한을 두었는데 매는 1회에 30대를 넘지 못하게 하였고, 또한 3일 이내에 다시 행할 수 없고, 고신 10일 후에는 단결(斷決, 판결)하라고 규정하였다. 또한 고문은 하루 한 차례를 원칙으로 하고, 특히 엄국(嚴鞫, 중죄인에 행해지던 엄정한 국문)을 요하는 범인에게도 2회를 넘지 못하게 하였다. 70세 이상이나 15세 이하의 자, 폐질에 걸린 자는 고신을 하지 말고 3인 이상의 증언에 의거해 판결을 내리도록 하였다.

이러한 중요한 사실들은 현대에 이르러 수사기관에서 일어났던 각종 고문들이 일제의 잔재임을 명확히 해준다. 사실 그리 깊게 들어가지 않아도 전기고문이 조선시대에 있었을 리 없다는 점만으로도 해방 후 존재하는 고문의 형태가 일제와 연관되어 있음을 추정하기는 어렵지 않은 것이다. 일제의 고문이 대한민국 정부 수립 이후에도 지속되었던 이유는 미군정이 해방 후 혼란스러운 남한 내 치안유지를 제일의 목표로 삼고 일제의 친일 경찰조직을 그대로 유지했기 때문이다. 오늘날 경찰에게 가장 큰 멍에가 되기도 한 안타까운 역사이기도 하다.

## 고문의 정형

일제로부터 해방 후 우리나라에는 집권세력의 권력을 공고히 하기 위한 독재의 마수들이 뻗치기 시작하였다. 남북 대치 상황을 이용해 간첩이나 공안사범을 조작해 국민의 불안을 가중시키고 이를 빌미로 권력에 저항하는 세력들을 탄압하는 도구로 활용하였다. 과거의 중앙정보부와 안기부를 비롯해 검찰, 경찰에 이르기까지 고문은 공공연한 비밀로서 자행되었다. 그리고 이는 일정한 정형성을 가지고 있었다. '국가보안법폐지 국민연대'가 공개한 「국가보안법, 고문·용공조작 피해자 증언대회 자료집」에 따르면 공통적으로 이루어진 고문의 정형성을 다음과 같이 설명한다.

일반적으로 '조작 간첩'사건의 경우 체포·연행된 피의자는 수사기관에 도착하자마자 어리둥절한 상태에서 군복으로 갈아입혀지고 곧바로 구타를 당하면서 고문이 시작된다. 수십 일 동안 밀실에 감금된 채 '고문→허위자백→번복→고문'을 거듭하다가 결국 모든 걸 자포자기한 상태에서 수사관이 시키는 대로 자술서를 쓰고 외우고 그러다 틀리면 바로 이어지는 고문, 그러기를 수차례 거듭한 뒤 죽음의 문턱에 이르러서야 비로소 이 끔찍한 상황이 끝이 났다. 결국 잔인한 고문으로 인해 없는 사실이 만들어지기도 하고, 일상적인 행동이 간첩행위로 둔갑하기도 했다. 그런데 고문피해자들은 한결같이 '고문→허위자백→번복→고문'이 반복 상태로 지속되다 보니 '허위사실이 마치 진실인 양 착각이 들 정도'가 된다고 증언하고 있다. 끔찍한 고통과 공포가 인간의 이성을 마비시키고 마는 비극이 벌어지는 것이다.

법 제도의 측면에서 이러한 정형성은 어느 것 하나 허용될 수 있는 것이 없다. 영장 없는 강제연행과 불법감금, 고문과 가혹행위, 본인 의사에 반하는 강압적 진술서 작성과 신문조서 작성, 그 모든 것이 불법이고 범죄행위이다. 법을 집행하고 지켜야 할 수사기관의 행태에 온갖 범죄와 야만적이고 비인도적인 절차와 과정으로 가득 차 있다.

## 고문으로 인한 허위자백의 실태

고문으로 인한 과거의 허위자백 실태를 정확히 파악하는 것은 거의 불가능에 가깝다. 그러나 다행히 국가적 차원에서 추진되었던 '진실화해위원회'의 활동에서 일부라도 공식적으로 확인할 수 있게 되었다. '진실화해위원회'는 2005년 12월에 출범하여 2010년 6월 30일까지 11,175건의 접수를 받아 8,450건에 대해 진실을 규명하였다. 이 중 형사절차상 허위자백과 관련 있는 부분은 바로 권위주의 통치 시기의 인권침해 사건이다. 인권침해 사건은 모두 768건이었는데 그 중 진실규명이 된 사건은 238건으로 여기에는 확정판결 사건과 그 밖의 인권침해 사건(강제연행, 가혹행위 등)이 포함된다. 확정판결 사건에 대한 위원회의 권고 내용은 유죄의 확정판결에 대해 모두 국가가 사과하고 재심을 권고한 사안으로 78건에 달한다. 여기에는 '진보당 조봉암 사건', '인민혁명당 사건', '강기훈 유서대필 사건', 다수의 간첩조작 사건 등 이미 대중에 많이 알려진 중요 사건들이 포함되어 있다. 재심을 청구한 사건들 중에 '진실화해위원회'가 종합보고서를 발간한 2010년에 이미 19건은 모두 허위자백이 있었음을 인정하거나 범죄사실 자체가 허위임을 인정했다.

## 고문에 의한 전형적인 허위자백의 사례

**아람회 사건** – 이 사건은 동창생으로 서로 잘 아는 사이였던 교사, 학생, 직장인, 군인, 주부 등 12명이 1980년 5월에서 1981년 7월 사이에 금산, 대전 등지에서 모임을 갖거나 대화를 했다는 이유로 국가보안법 상 '반국가단체구성 및 찬양고무' 등으로 처벌받은 사건이다.

경찰은 피해자들이 주거지, 식당 등에서 전두환 당시 대통령에 대해 비난하거나 미국에 대해 비판적인 발언을 한 것을 빌미로 수사에 착수하여 이들을 불법연행하였다. 그 뒤 구속영장이 발부될 때까지 약 10일 내지 35일 동안 가족 및 변호인의 접견을 차단한 뒤 피해자들을 충남도경 대공분실과 여관 등에 불법감금한 상태에서 고문 등 가혹행위를 가하여 허위자백을 받았다. 그 당시 피해자였던 황보윤식 씨는 당시 상황을 다음과 같이 묘사하였다.

원인도 모른 채 1981년 7월 16일 오후 3시경 정체불명의 사나이 4명에게 …구속영장도 없이…8월 20일까지 불법구속을 강제당하면서…범죄사실의 허위자백을 강제당하였다. 만일 본인이 이에 불응하거나 위반사실이 없음을 주장하면…개 패듯이 두들겨 패고, 그래도 끝까지 위반사실이 없음을 주장하면 그 지하실 내에서 또다시 눈을 가린 채 또 다른 고문실로 끌려들어가, 인간수치의 발가벗겨진 모습으로 두 손에 수갑이 채워지고 두 무릎 사이에는 각목이 끼워져…수돗물을 붓는 바람에 수건이 물에 젖으면서 수막현상을 일으켜 거의 질식 상태에서 몸부림쳐야 하는 참담할 정도의 고문행위를…허위사실에 끄덕이는 머리 모양만으로 시인되어버렸고, 진술서의 작성이 강제되어버렸다.…(중략)…

대략 10일간 몇 촉인지 모르는 조명등을 받으면서 잠 못자는 고통은 지금도 괴로운 기억으로 떠오르고, 3~4일간 굶주린 고통 … 기억조차 하기 싫다.

이 사건의 피고인들 모두가 위와 같이 장기간 불법구금되어 모진 폭행과 물고문, '통닭구이', 잠 안 재우기 등 고문을 당했다. 이들은 1심에서 고문사실을 강하게 주장했음에도 '반국가단체 구성 및 찬양고무' 혐의에 대해 유죄판결을 받았고, 2심에서 '반국가단체 구성'에 대하여 무죄를 선고받았으나 대법원이 이를 파기하고 모두 유죄판결하여 최고 징역 10년, 자격정지 10년 등의 중형을 선고하였다. 이 사건은 진실화해위원회의 권고로 재심이 개시되었고, 이들이 불법체포되어 연행되어 간 지 28년이 지난 2009년 5월 21일에 마침내 피고인들의 자백이 불법 장기구금과 고문에 의하여 조작된 것으로 인정되어 무죄가 확정되었다.

**오송회 사건** - 이 사건은 1978년부터 1982년 사이 군산 제일고등학교 등 군산지역에서 발생하였는데, 피고인들은 이 지역 중고교 교사 등 8명으로 구성되어 있다. 1982년 11월경 전북도경 대공과는 이들을 국가보안법상 '반국가단체 찬양고무', '이적단체구성', '이적표현물 소지' 등 혐의로 조사하였고, 1983년 1월 전주지검이 이들을 조사 후 기소하였다. 이들에게는 징역 1~7년에 이르는 중형이 선고되었다.

경찰은 시집 「병든 서울」을 계기로 군산 제일고등학교 교사 등이 산책 중에 시국 관련 대화를 하였다는 이유로 피해자들을 불법연행하였다. 그 뒤 구속영장이 발부될 때까지 10일 내지 23일까지 가족 및 변호인의 접견을 차단한 채 대공분실과 여인숙 등에 불법 감금하였다. 또한 불법구금한 상태에서 피해자들에게 전기고문 등을 실시하였고, 허위자백을 받아 이를 근거로 하여 피해자들이 이적단체를 구성하고 반국가단체 등을 찬양·고무하였다는 혐의로 전주지검에 송치하였다. 피고인들의 관련 서적을 차에 두고 내려 사건의 빌미를 제공한 제자들도 경찰에서 고문을 받아 스승의 '이적행위'를 무고하였다. 제자들 중 3명은 스승을 무고했다는 죄책감에 대학 진학 후 학생시위에 가담했다가 투옥되기도 하였다. 수사기관은 수사 과정에서 '5명이 소나무 아래에서 반국가단체를 구성했다'고 하여 '오송회'라는 명칭을 붙였다고 한다. 피해자의 한 사람인 박정석이 수사 당시 상황을 다음과 같이 자세히 묘사하고 있다.

82년 11월 2일 불법연행된 뒤 전주 대공분실 지하실에 끌려가 혹독한 고문을 당한다…실오라기 하나 걸치지 않고 발가벗겨진 나는 통닭처럼 긴 막대에 두 손과 발이 묶여 거꾸로 매달렸다. "야, 이 새끼야, 너 간첩이지? 너희들과 관계있는 놈들의 이름을 다 불어, 불지 않으면 살아 돌아갈 수 없는 줄 알아. 너희 같은 새끼는 죽여도 괜찮아. 죽으면 길가 아무 데나 버리면 왜 죽었는지 아무도 몰라, 임마." 그러고는 나의 엄지손가락에 전선을 감고 전기고문을 시작했다…고문이 가해질 때마다 신음처럼 아무 관계없는 사람의 이름이 튀어나왔다. 아마 그때 문규현 신부님과 조성용 선생님의 이름이 나온 것 같다. 그것은 두고두고 나를 부끄럽게 하고 죄의식에 시달리게 했다. 아무 죄 없는 조 선생님이 영문도 모르고 대공분실에 끌려오게 되었다…며칠씩 잠을 안 재우고…혼몽한 의식 상태 속에서 나는 자술서를 쓰고 또 썼다. 토씨 하나라도 틀리면 구타와 욕설이 뒤따르고 그것을 핑계 삼아 같은 내용을 다시 쓰게 했다.

이러한 야만적인 조사로 허위자백을 받아 사건이 전주지검에 보내졌고, 피해자들이 일말의 기대를 했지만 검찰은 오히려 고문 경찰관들을 입회한 상태에서 피의자 신문 조서를 작성하여 허위자백을 그대로 담아 기소하였다. 재판부 역시 대법원에 이르기까지 3심에 걸쳐 피해자들의 고문주장을 무시하고 모두 유죄판결을 확정해 징역 7년과 자격정지 7년 등의 중형을 확정하였다.

이 사건은 진실화해위원회의 권고로 재심이 개시되어 2008년 11월 25일 고문 등 불법수사를 통해 허위자백을 받아내고 이를 토대로 유죄판결이 내려진 것이 인정되어 무죄가 확정되었다.

# 사형수 오휘웅의 마지막 유언

1974년 12월 30일 밤 10시 40분경 인천 중구 신흥동 양복점 여주인 이옥련(당시 40세)은 쌀가게인 시화상회 안주인 두이분(당시 27세)이 '큰집에 가는데 집을 좀 봐 달라'는 부탁을 받고 시화상회 쪽을 보며 뜨개질을 하고 있었다. 그때 두이분이 양복점으로 와서 "큰집에 갈 때 문고리를 걸어두었는데 지금 보니 벗겨져 있어요."라고 해 함께 시화상회로 가게 되었다. 불을 켜니 두이분의 남편 정시화(당시 38세)가 넘어져 있었고 방안 왼쪽 벽에 있는 장롱 문은 열려 있었으며, 옷가지가 방바닥에 흩어져 있었다. 놀란 이옥련은 근처 고무신가게 엄인환에게 달려가 '급한 일이 생겼으니 빨리 나와보라'며 시화상회 쪽으로 이끌었다. 엄인환은 정시화 위에 엎어져 허우적 대는 두이분을 떼어내고 정시화를 보니 목에 넥타이가 한 바퀴 돌려서 꼬여 있어 그것을 빼내고 엎어져 있는 정시화를 바르게 눕혀보니 혀가 입 밖으로 나와 있고, 입과 코에는 피가 묻은 채 죽어 있었다. 목에는 7cm 가량의 상처가 있었고, 끈으로 세게 묶을 때 생긴 것으로 보이는 멍이 남아 있었다. 정시화는 방문 가에 엎어져 있었고 머리가 장롱 쪽을 향해 있었다. 아이 둘도 쓰러져 있었는데 아이들의 목에는 흰 노끈이 두 번 감겨져 있었다. 두 아이 모두 다른 외상은 없이 죽은 상태였다.

이 사건의 현장은 수사를 위한 현장 보존이 제대로 되지 못하고 많이 흐트러져 있었다. 경찰은 현장에 도착해 시신을 병원으로 옮겼고, 칼, 넥타이 등도 현장에서 제대로 수습되지 못했다. 초기에는 이 사건을 자살의 가능성에 무게를 두고, 시신을 병원으로 옮기는 우를 범한 것이다. 경찰은 초기 수사에서 사망한 정시화의 부인인 두이분에게 '남편이 어떤 사람에게 20만 원을 빌려주고 못 받아 속상해했다.'는 말을 근거로 비관자살 쪽에 무게를 두고 있었다. 그런데 장례식장 등에서 두이분의 모습이 부자연스러워 그녀의 주변을 수사하게 되었는데, 오휘웅이 두이분과 같은 '일련정종'이라는 종교를 갖고 있고, '가까운 사이'라는 사실을 확인했다. 그리고 두이분이 사건 관련 추궁 중에 "아이고, 아이고, 애들은 죽이지 말라고 했는데…"라며 넋두리를 한 것이 본격적인 수사의 단초가 되었다. 피해자이고, 참고인이었던 두이분과 오휘웅은 이제 용의자가 되어 있었다.

경찰은 두 사람을 분리하여 신문하였다. 경찰은 아직 아무에게서도 자백이 나오지 않았음에도 두이분에게 먼저 "오휘웅이 이미 다 불었어! 너도 자백해!"라며 다그쳤다. 그 말을 듣자 두이분은 기절하듯 쓰러졌는데 형사들이 두이분을 정신차리게 하고 자백을 받아냈다. 그리고 이번에는 아직 자백을 하지 않은 오휘웅에게 "이미 두이분이 자백을 했으니 너도 깨끗이 털어놔라"고 했다. 결국 오휘웅도 못 버티고 자백을 했다고 한다. 자백의 내용에는 두 사람이 불륜관계라는 사실도 포함되었다. 그리고 뺨 한 대 때린 적 없이 수사하였다는 것이 당시 수사진의 주장이었다.

과연 수사 과정에서 두 사람은 임의로 자백을 한 것이 사실일까? 오휘웅은 법정에서 자신의 무죄를 주장하며 경찰에게 당한 고문을 다음과 같이 상고이유서에 기술하였다.

오후 7시가 되어서 피고인을 이끌고 경찰서로 가더니 이유 없이 옷을 다 벗긴 다음 무작정 살인범은 너라고 하면서 고문을 시작했던 것입니다. 사법경찰관들에게 고문을 당하면서까지 사실이 그렇지 않다고 해도 무조건 인간을 거꾸로 매달아 놓고 콧구멍 속으로 물을 부어가며, 경찰곤봉으로 발바닥을 때려가면서 자백을 하게 하기에 갑자기 당한 일이라 어떻게 할지 몰랐습니다. 다만 어안이 벙벙하여 말을 못하고 있었을 뿐입니다. 살인이라는 글 자체도 모르는 선량한 소시민에 불과한 한 인간을 끌어다가 범죄사실을 뒤집어 씌워서야 되겠느냐고 반문을 하면 "너의 지문이 나왔는데 왜 자백을 하지 않느냐?"면서 4, 5회에 걸쳐서 심한 고문을 받기 무려 40여 분 동안 반죽음을 당하면서까지 부인을 했으나 계속 고문으로 자백을 받으려 했던 것입니다. 이렇게 잔인한 수법으로 허위자백을 받은 다음 다시 그것을 경찰관대로의 조서로 정리해놓고 "수사과장이 오면 이와 같이 얘기하라. 만일 이대로 하지 않을 경우 너는 여기서 죽을 줄 알라."고 위협하면서 녹음장치를 했던 것입니다(후략)

피의자 신문 조서에 나타난 오휘웅의 자백을 살펴보면 자백은 일관성이 없는 '뒤죽박죽의 극치'라고 할 수 있다.

먼저 범행도구인 노끈의 출처에 대해 처음에는 "두이분이 집어 주었다."고 하였다가 "쌀통 옆에 있는 마대 가마니 끈을 사용했다.", "방 앞에 있어 갖고 들어갔다."고 하였다.

두 번째, 사망한 정시화의 오른쪽 목에 난 7cm 가량의 상처에 대하여 처음에는 "부엌칼을 오른쪽 목에 대고 한 번 내려 그었다."고 하였는데 그 다음에 "작은 톱날칼로 찍었다."고 했다가 다시 어디를 찍었냐는 질문에는 답을 잘 못하고 "그래 해놓고서 죽겠지…" 하는 엉뚱한 대답을 했다.

셋째, 사망한 정시화의 목을 조르는 데 사용했다는 넥타이에 관해서도 일관성이 없다. 처음에 "노끈이 약해서 넥타이를 꺼내 가지고…" 하다가 수사과장이 "넥타이가 아니지?" 하니까 "넥타이에요"라고 했다. 그 후 수사과장이 "머플러 같은 것도 있겠지?" 하니까 더 버티며 부인하다가 나중에서야 "그 머플러도 있었습니다."고 말을 맞추었다. 그리고 머플러의 위치도 재봉틀 위에 있었다고 했다가 나중에는 장롱 속에 있었다고 진술하였다.

넷째, 범행의 모의와 관련하여 처음에는 "두 씨가 '오늘로 전부 끝나는 날'이라고 하여 '왜 그러느냐'고 했더니, '내가 모든 것을 청산할 테니 같이 살자.'고 두이분이 말했다. 그리고 두이분은 식구들을 처치했으면 하는 눈짓을 하면서 노끈을 집어서 주므로…"라고 하였다. 세 명의 가족을 죽이는 일을 눈짓으로 모의하고 실행하였다고 진술하고 있다. 나중에 수사과장이 "사전에 그 여자와 충분한 협의나 공모가 돼 가지고서 이루어졌다는 이야기지?"라고 물으니 오 씨는 간단히 "예"라고만 하였다.

다섯째, 시신의 상태와 관련하여 오휘웅은 "완전히 열십자로 엎어져 있었다. 방을 나올 때는 완전히 뉘어놓고 나왔다."고 진술하였다. 그러나 현장을 처음 목격했던 고무신가게의 엄인환 씨는 명확히 "엎어져 있는 그를 바르게 눕혀보니 혀를 입 밖으로 내밀고 죽어 있었습니다."라고 똑똑히 진술했고, 함께 목격한 이옥련도 정 씨가 엎어져 있었다고 증언했다. 그리고 시신들의 방향도 오휘웅은 세 사람의 머리는 모두 같은 재봉틀 방향이었다고 진술했다. 그러나 엄인환은 "정 씨와 아들은 장롱 쪽으로, 여자아이는 창고 쪽으로 90도쯤 다른 방향으로 머리를 두고 있었다."고 하였다.

이러한 자백의 일관성 부족, 객관적 사실과의 불일치는 허위자백의 가장 큰 특징 중의 하나이다. 범행을 한 적이 없는 범인은 고문과 폭행 속에서 알지 못하는 사실을 형사들의 눈치를 보아가며 끼워 맞춰야 하기 때문에 진술이 계속해서 바뀔 수밖에 없는 것이다. 또한 진범의 자백이 갖는 큰 특징인 '비밀의 폭로'가 발견되지 않는다. '비밀의 폭로'란 수사과정에서 전혀 알지 못했던 사안을 진범이 자백함으로써 알게 되고, 수사과정에서의 의문도 대부분 해소되는 현상을 말한다. 그런데 이 사건에서 오휘웅의 진술은 자백을 거듭할수록 의문이 많아지고 커져가는 형국이었다.

오휘웅은 경찰에서는 자백을 유지했지만 검찰로 송치된 후에는 범행을 완전히 부인했다. 자백의 내용을 검토해보아도 진범이라고 보기에는 석연치 않은 점들이 너무 많았다. 그런데 오휘웅은 검찰에서 2주일 간이나 범행을 부인하다가 다시 자술서에서 범행을 인정하였다. 이 연유에 대해 오휘웅은 1976년 10월 24일에 쓴 '재심청구 기각에 대한 즉

시항고장'에서 다음과 같이 쓰고 있다.

> 1975년 1월 24~26일 연 3, 4회에 걸쳐서 인천경찰서 수사계장이
> 사법경찰관 5명을 대동하고 검찰청 검사실까지 몰려와 피고인이 계
> 속해서 부인한다 하여 피고인을 밤늦게까지 검찰청 지하실로 끌고 들
> 어가서 사법경찰관 2, 3명으로부터 모진 고문을 받았으며 연이어서
> 수사계장이 자인서를 불러 주어가며 쓰라고 강요를 하고, 이에 부인
> 하면 갖은 고문을 가하여 익일 새벽 00시 30분이 넘도록 피고인을 검
> 찰청에 가두고 조서를 강제로 꾸몄던 것이며….

그 이후 오휘웅은 검사의 3회 피의자 신문에서도 자백내용을 인정하고 있다. 그러나 오휘웅은 다시 법정에서 범행을 부인하였다.

한편 두이분은 검찰과 법정에서도 오휘웅이 주범임을 강조하고 오히려 오휘웅에게 범행을 뒤집어씌우려는 태도를 보였다. 이는 오휘웅이 범행을 부인한다는 말을 듣고 자신에게 범행을 전가하려는 것이 아닌가 하는 불안감과 방어 차원에서 오히려 범행을 오휘웅에게 미루려는 것이 아닌가 하는 추정을 낳았지만 끝내 이유는 풀리지 않았다. 그 이유는 두이분이 1975년 4월 28일 인천교도소의 화장실에서 목을 매 자살을 했기 때문이다. 그리고 죽기 전에 두이분이 감방 동료에게 했던 말은 오휘웅이 유죄의 올가미를 영원히 벗을 수 없게 만들었다. 두이분은 감방동료에게 "남자 쪽(오휘웅)은 변호사를 대고 증인이 2명이라 나는 불리하다.", 죽기 30분 전쯤에는 "누명쓰게 됐다."고 연거푸 네 번씩이나 말을 한 후 죽었다는 것이었다.

오휘웅의 입장에서 무죄라면 자신을 범죄자로 끌어들인 것이 두이분

이기 때문에 그 올가미를 벗겨줄 수 있는 사람도 두이분이었지만 두이분은 오히려 오휘웅에게 불리한 말을 남기고 죽어버렸다.

1975년 6월 30일 1심 재판부는 오휘웅에게 사형을 선고하였고, 그해 10월 17일 항소심은 오휘웅의 항소를 기각하였다. 마지막 희망은 대법원에서 열릴 상고심이었다. 오휘웅의 변호인이었던 이범렬 변호사는 두이분이 가족들에게 수면제(아티반)을 먹이고 단독으로 범행을 한 것이며, 오휘웅과 두이분의 불륜도 고문에 의한 허위진술이라고 주장했다. 그렇지만 1976년 2월 24일 대법원도 오휘웅의 상고를 기각하여 사형을 확정하고 말았다.

1979년 9월 13일 사형집행장으로 끌려나와 돗자리 위에 앉혀진 오휘웅(당시 34세)은 "유언이 있으면 하십시오."라는 집행관의 말이 있자 다음과 같은 유언을 하였다.

> 저는 절대로 죽이지 않았습니다. 이것은 하느님도 알고 계십니다. 저의 유언을 가족에게 꼭 전하여 제가 죽은 뒤에라도 누명을 벗도록 해주십시오. 여기 검사, 판사도 나와 있지만 저와 같이 억울하게 죽는 이가 없도록 해주십시오. 엉터리 재판 집어치우십시오! 죽어서 원혼이 되어서라도 위증하고 고문하고 조작한 사람들에겐 …

오휘웅에 대한 교수형이 집행되고 서울구치소 보안과장은 참여 검사에게 물었다.

"영감님, 오판 아닙니까?"

검사는 교무계장에게 "억울하다며 죽는 사형수가 많습니까?" 하고 물었다.

계장은 "아니오, 나로선 처음입니다."라고 했다.

보안과장이 "상담할 때도 그랬어?" 하고 다시 물었다.

계장은 "그걸 모르셨어요? 오휘웅이는 안 죽인 것 같아요."라고 했다.

이 말은 들은 검사는 말없이 땅만 내려다보고 있더라고 한다.

# 10

# 지옥의 문턱에서 살아오다 ─ '김시훈 사건'

1981년 6월 24일 밤 11시경 전주시 효자동 소재 고갯길에서 동네에 살던 최현석(당시 20세, 인쇄공) 씨가 칼에 찔리고 고무밧줄로 목이 죄어 숨진 채로 발견되었다. 경찰은 18일 뒤인 1981년 7월 12일 밤 8시경 충북 청원군 미원면 소재 공사장에서 김시훈(당시 30세, 공사장 노동자)을 전주경찰서 수사본부로 연행하였다. 다음날인 13일 김시훈은 자술서에서 범행사실을 부인하였고, 14일 경범죄처벌법 위반죄로 구류 5일의 선고(당시 중범죄를 수사하면서 증거가 없자 일단 다른 죄로 신병을 확보한 것으로 보임. 위법성 논란이 있는 소위 '별건수사'를 한 것으로 판단됨)를 받아 구류형 집행 중 15일 피의자 신문에서도 범행을 부인하였다. 그런데 김시훈은 연행 5일째인 16일 자술서에서 범행을 자백하였다. 그리고 사법경찰관 작성 피의자 신문 조서에서도 2회에 걸쳐 범행을 자백하였고, 7월 21일 구속영장에 의해 구속되었다. 구속 이후 제3회 피의자 신문에서도 범행을 자백하였다.

김시훈은 사건 당일 전주대 신축공사장에서 감독으로부터 '말썽을 자주 일으키니 떠나라'는 말을 듣고 격분, 탁주 4병을 마신 후 밤 11시께 공사장에서 1km 떨어진 고갯길에서 범행을 저질렀다는 자백을 하였다. 김씨는 피해자 최 씨가 술에 취한 채 비틀거리며 자전거를 타고 오다가 부딪쳐 시비가 붙자 갖고 있던 과도로 최 씨를 찌르고 자전거에 있던 고무밧줄로 목을 죄어 숨지게 했다고 밝혔다.

그런데 김시훈은 경찰수사가 끝나고 검찰에 송치된 다음부터 범행을 부인한다. 제1심 공판기일에 자술서를 증거로 함에 동의하지 않고, 피고인이 자필로 작성하고 무인(拇印)하였으나 고문과 강요에 의하여 수사관이 부르는 대로 작성한 것이라고 진술하였다. 김시훈은 경찰에서 받은 고문에 대해 후에 <동아일보>에 다음과 같이 털어놓았다.

다시 이 세상을 보리라고는 생각지 않았다. 그 혹독했던 고문을 생각하면 지금 이렇게 내가 살아 숨 쉬고 있는 게 신기할 정도다. …벌목장에서 영문도 모른 채 연행당한 뒤 전주시 진북2동 파출소에 감금당한 채 고문을 받기 시작한 지 꼭 나흘째, 그때는 모든 것이 귀찮아지고 혀라도 깨물어 죽고 싶은 심정이었다. 단지 살인사건의 현장 가까이 있었다는 이유만으로 범인으로 몰려 무수히 얻어맞아 온몸이 성한 데가 없었고 그 동안 아무것도 먹지 못해 눈조차 제대로 뜰 수 없었다. 이렇게 죽어가는구나 하는 생각이 들었다. …"최현석(피해자)의 이름을 불러라. 내가 너를 죽여서 미안하다고 말해라."라고 계속 겁을 줬다. 그래도 시키는 대로 하지 않자 다시 곤봉으로 머리와 어깨 등을 마구 때리는 바람에 정신을 잃었다. 한참 후 눈을 떠보니 기억이 희미해지며 내 이름조차 제대로 생각나지 않는 기분이었다. …시험지와 볼

펜을 주면서 "부르는 대로 적어라. 너 좋고 나 좋은 일이다."라며 자술서를 쓰도록 강요했다. 내가 못 쓰겠다고 거부하자 저 위에 있던 형사 5명이 달려와 양동이 속에 머리를 처박으며 구둣발로 머리와 등을 마구 짓밟았다. 나는 다시 정신을 잃었다. 눈을 떴을 때는 이미 밖이 어두웠다. 나는 자포자기한 심정으로 볼펜과 시험지를 달라고 했다. 그리고 무슨 말이든 시키는 대로 쓰겠다며 그들이 불러주는 대로 적었다. 손도장도 찍었다. 자세한 내용은 기억이 없지만 내가 사람을 죽였다고 쓴 것 같았다.…검찰청으로 송치되면서 나는 약간은 기대를 걸었다. 검사 앞에서는 지금까지의 모든 고문사실과 허위자술서를 쓰게 된 경위를 말하려고 생각했다. 그러나 담당검사는 기대와는 달리 냉담했다. 내가 상처받은 오른쪽 다리를 보여 주면서 눈물로 호소했으나 외면한 채 들으려 하지 않았고 입회서기는 "다 그런 식으로 변명한다." 며 코웃음 칠 뿐이었다.

다행히 1심인 전주지법 형사 1부는 김시훈의 혐의에 대해 그해 12월 30일 무죄를 선고했다. 무죄의 이유는 ① 피고인이 법정에서 범행을 부인하고 있고, ② 경찰에서 자백한 피의자 신문 조서나 자술서는 고문에 의해 허위진술한 것이라 말하고 있으며, ③ 경찰에서 한 자백 이외에는 유죄로 인정할 만한 물증이 없다는 것이 무죄판결의 이유였다.

그러나 2심인 광주고법에서는 김 씨의 유죄를 인정, 징역 15년을 선고했다. 2심에서 쟁점이 된 것은 피살자를 묶은 러닝셔츠가 김 씨의 것이냐 아니냐의 문제였는데 검찰 측 증인들이 한결같이 김 씨의 것이라고 증언했다. 그리고 김시훈은 자신의 알리바이, 즉 현장부재증명을 계속 주장하며 자신이 청주로 가기 위해 탔던 전주발 상행선 기차시간을 댔는데 확인 결과 그 시간에 전주역을 출발한 기차가 없었음이 밝혀졌다. 그런데 이상하게 김시훈은 틀린 기차시간을 계속 고집했다. 결국 2심은 유죄를 선고했다. 김시훈은 이에 불복, 상고했다. 대법원의 판결을 기다리고 있을 때인 1982년 7월 말 이리(현 익산)경찰서가 이 사건의 진범 3명을 검거했다.

김시훈이 석방되고 대한변호사협회에서 조사한 바에 따르면, 김 씨에게 가해진 고문 방법은 충격적이다. 곤봉으로 성기를 내리치고, 전기고문, 물고문, 고춧가루 고문에 나중에는 환각제까지 사용되었다. 그런데도 2심 재판부의 세 명의 판사는 왜 그런 고문과 허위자백을 제대로 간파하지 못했을까? 겁에 질린 김시훈을 안심시키고 자상하게 한 번이라도 물어보았다면 김시훈은 2심에서 구제될 수도 있었을 것이다. 법정에서 김 씨에게 불리한 증언을 했던 사람들은 "수사기관의 압력이 귀찮아서 그렇게 했다."라고 한다. 무책임한 증인들의 심리 속에는 '내가 잘못 진술해도 판사가 알아서 잘 하겠지' 하는 무지와 책임회피가 깔려있다.

이 사건과 관련해 대법원의 "수사기관에 의해 강요된 진술서의 증거 능력은 수사기관이 작성한 피의자 신문 조서와 마찬가지로 형사소송법 제312조 제2항(법정에서 피고인이 내용을 부인할 경우 증거능력 상실)에 의해 결정되어야 할 것"이라는 판결은 우리나라 사법 100년 역사에서 국가배상법 판결과 함께 최고의 명판결로 꼽힌다. 그러나 아쉽게도 김시훈이 실질적으로 석방되게 된 결정적인 이유는 대법원의 판결 이전에 진범이 검거된 덕이 컸다고 할 수 있다.

# 11
## 고문과 언론이 만들어낸 괴물 '고숙종 사건'

고숙종 씨는 후덕한 맏며느리의 인상을 가진 여인으로 수사 및 사법계를 뒤흔든 대사건의 주인공이 되기엔 너무나 어울리지 않는 유복한 환경에서 자랐다. 경기도 용인에서 의사 아버지의 큰딸로 출생하여 서울대 음대를 졸업한 재원이었다. 그녀는 대학 졸업 후 1959년에 은행에 취직한 상태에서 서울의 이름난 점술가 윤경화 씨의 집을 방문했는데 이것이 두 사람의 인연이 되었다. 고숙종은 윤 씨의 중매로 윤 씨의 조카 윤영배 씨와 결혼하여 세 딸과 한 아들의 어머니로서 유복하게 살아왔다. 남편 윤영배 씨는 검찰청의 계장이고 자신은 보험회사 외무사원으로 맞벌이를 하면서 윤경화 씨를 친어머니처럼 모셨다.

그러던 1981년 8월 4일 무더운 여름날이었다. 40대 중반의 고숙종은 남편과 함께 윤경화 씨 댁을 방문했다. 윤경화는 인근 주민들에게 '원효로 윤 보살'로 통했던 재력가 점술인으로 70대의 노인이었다. 그녀는 슬

하에 친자식이 없어 6살짜리 수양딸 하나를 두었고, 조카인 윤영배 내외에게 애정이 깊었다. 그런 윤 노파를 고숙종도 어머니로 부르며 살갑게 대했다. 그런데 그 날은 평소와 달리 안에서 아무런 대답이 없었다. 뭔가 좋지 않은 예감이 든 고숙종은 문을 열고 집 안으로 들어갔다. 그녀가 남편과 함께 집 안으로 들어가자 고약한 냄새가 진동을 했다. 무언가 심하게 썩어가고 있는 것 같은 냄새에 고숙종의 불안감도 커졌다. "어머니! 경연아 집에 있니?" 차례로 윤 노파와 가정부 김경연을 불러 보았지만 대답 대신 고숙종은 끔찍한 광경을 목격하고 말았다. 윤 노파를 비롯해 가정부 강경연, 수양딸 윤수경 세 사람의 시신이 더운 한여름 밤에 썩어가고 있었고, 흘러내린 피는 시체 썩은 물과 뒤엉켜 발이 푹푹 빠지는 늪을 이루고 있었다. 가구와 물건들은 어지러이 흩어져 있었고, 시체 썩는 냄새에 더해 향냄새가 섞여 기괴한 풍경과 분위기를 자아내고 있었다. 시신 3구는 머리를 난타당하고 목까지 졸린 흔적이 역력했다. 이렇게 악취가 진동하고 시신이 썩어가는 현장을 제대로 감식한다는 것은 기대하기가 어려울 정도였다.

놀랍게도 고숙종 부부의 사건 신고를 접수한 경찰은 2일 후인 8월 6일 고숙종을 연행해갔고, 다시 11일이 지난 8월 17일 고 씨를 강도살인 혐의로 구속하였다. 고숙종은 경찰에서 범행을 자백하였는데 다음과 같은 내용이었다.

윤경화 노인에게 약속한 아파트를 사달라고 사정하였지만 이를 거절당하자 뒤뜰로 나와 범행도구(망치, 나일론줄, 장갑 등)를 준비하였고, 윤 노인을 망치로 내려친 뒤 놀라서 내려온 가정부 강경연 양도 뒤쫓아 가서 망치로 내려쳤다. 고숙종은 이어 윤 노인과 강 양의 목을 나

일론 줄로 졸라맨 다음 2층의 침대 밑에 숨어있던 어린 수경 양을 찾아내 역시 망치로 내려친 뒤 전기줄로 목을 감아 죽여 버렸다. 범행을 마친 고숙종은 피에 묻은 슬리퍼와 스타킹을 빨아 신문지에 싸들었고, 윤 노인의 핸드백에서 패물을 훔치고, 대문열쇠를 찾아 문을 밖에서 잠갔다. 집으로 돌아간 고숙종은 태연하게 집 앞의 가게에서 반찬거리를 사서 들어갔고, 다음 날 마치 처음 시신을 본 듯이 오열하며 남편과 함께 경찰에 신고했다.

경찰에서 위와 같은 자백을 한 고숙종은 검찰에 송치된 후 1, 2차 신문에서 자백을 유지하다가 3차 신문부터 범행을 부인하기 시작했다. 검찰청 계장이었던 남편 윤영배는 검찰에서 조사를 받으며 '아내가 범인인 것 같다.'는 자술서를 작성했다. 검찰은 고숙종에 대하여 살인혐의로 기소하였다. 강도혐의는 공소사실에서 제외되었다. 언론에서는 이 기괴한 사건을 보도 경쟁하며 고숙종을 범인으로 단정하고 온 나라가 시끄러울 정도로 기사화하였다.

그런데 1심 재판이 진행되면서 사건은 반전을 맞게 된다. 사건 발생 2개월 정도 후인 10월 14일 윤 노파의 예금증서 3장이 제일은행에서 발견되었다. 이를 사용한 사람은 놀랍게도 사건의 담당자인 하영우(당시 45세) 형사로 윤 노파의 예금증서를 범죄현장에서 절취한 죄로 구속되었다. 다른 사람을 시켜 은행에서 돈을 찾으려다 은행 측의 신고로 발각된 것이다.

놀라운 일은 그뿐만이 아니었다. 고숙종은 법정에서 '구속되기 전 11일 간 호텔 등을 전전하며 불법감금을 당한 상태에서 고문을 당했다.'라고 주장했다. 그녀는 "잠도 못 자고, 하영우, 이부성, 천정길 형사 등이 그레이스 호텔 등 수 곳에서 옷을 벗기고, 양손에 수갑을 채운 채, 욕조에 넣어 코와 얼굴에 물을 마구 붓고, 전신을 때리고 차면서, '너는 상부에서 정책적으로 다루라는 지시다. 순순히 자백하지 않으면 죽어서 나간다'는 등의 폭언과 협박으로 자백을 강요당한 끝에 살려만 준다면 아무 것이나 시키는 대로 하겠다는 인생포기의 순간에 자백을 한 것입니다."라고 진술하였다. 고 씨가 작성한 자백진술서는 기재시간이 새벽 1시로 되어 있기도 하고, 10여 일 동안 모두 80회의 걸쳐 1백여 장의 자술서를 쓰기도 했다. 또한 법정에 나온 고숙종은 허리를 못 펴 교도관의 부축을 받고 제대로 걷지도 못했다. 남편 윤영배도 검찰에서 조사받을 때 "옷을 벗기고 곤봉을 끼운 뒤 무릎을 꿇게 하고 뒤에서 밟아대니 도저히 참을 수가 없어 불러주는 대로 썼을 뿐이다. 너의 아내가 같이 했다고 불었으니 너도 불라면서 조지는데 당할 수가 없었다."라고 주장하였다.

고숙종은 실제로 판결문에서 적시하였듯 구치소에 수감되었을 때 허리, 가슴 등에 멍이 남아 있었고, 왼쪽 손목뼈가 빠져 있는 것을 같은 방 재소자가 맞추어 주었다고 한다. 검사와 피고인의 녹음된 대화내용에도 검사가 피고인의 왼쪽 팔에 상처가 있음을 확인한 내용이 있다. 요추부, 전흉부의 심한 통증으로 허리운동이 어려운 상태, 보행의 지장, 통증이 양쪽 대퇴부 후면 쪽으로 방사통을 나타내고 있다는 사실도 인정되었다.

구속될 때 죄명이 강도살인죄였던 이유는 따로 있었다. 경찰의 수사과정에서 경찰이 범행현장에서 나온 패물을 고숙종에게 전해주며 보관하라고 해서 집에 가져다 두었는데, 경찰이 언론에 '고숙종의 집에서 강취해 간 패물이 발견되었다.'고 흘려 강도혐의가 적용된 것이었다. 이후 검찰에서 사실을 확인하고 공소사실에서 제외하게 되었다.

또한 고숙종의 자백 내용대로라면 40대 중반의 여인이 집 안에 있는 3명의 피해자를 망치로 때리고 목을 졸라 살해한 뒤에 땀을 식히기 위해 선풍기를 틀어 바람을 쐬고, 피묻은 슬리퍼와 스타킹을 빨고, 열쇠를 찾아 문을 잠그고 피해자 집을 나오는 모든 범행을 30분 내에 마쳐야 한다. 왜냐하면 집에 돌아가 반찬가게에서 반찬을 사는 시간이 확실하게 사실로 확인되었기 때문이다. 사실상 자백 내용대로 실현하기가 불가능에 가까운 일이었다.

이 사건은 전형적인 허위자백의 특성을 갖고 있다. 자백의 내용은 수사를 통해 확인된 객관적 사실과 불일치하는 부분이 많고, 물적 증거는 전혀 없다. 자백의 내용을 실현하는 것도 사실상 불가능에 가까운 내용이다. 1, 2, 3심 재판부는 모두 고 씨의 고문 사실을 믿을 만하다고 보고 무죄를 선고하였다. 81년 8월 6일에 연행되어 이듬해 6월 17일 석방되기까지 304일간 구금되어 있었다. 무죄가 확정된 후 고숙종과 가족들은 1986년 2월 3일 국가를 상대로 손해배상 청구소송을 제기하였다. 서울고등법원은 '국가는 불법감금 및 폭행으로 인한 손해배상으로 2천 7백여만 원을 지급하라.'고 판결하였다.

이 사건은 형사재판과 민사재판에서 모두 보기 드물게 경찰의 가혹행위(고문)를 인정하였다. 그러나 고숙종은 고문 후유증으로 평생을 척추장애인으로 살아가야 했고, 불법감금과 고문으로 인한 정신적 충격과 공포심, 언론이 범죄자로 낙인찍은 보도들, 주변인들로부터 '범죄자이지만 증거가 불충분해서 혹은 고문이 밝혀져 석방되었다.'는 오해를 받으며 살아야 했고, 함께 사는 가족들의 고통도 이루 말할 수 없는 것이었다. 이미 그 피해와 상처는 돈으로 보상되고 회복될 수 있는 것들이 아니었다.

예금증서를 훔쳤던 하영우 형사는 징역 1년 6개월을 선고 받아 복역하였고, 관할서장과 수사과장은 해임, 형사계장과 형사반장은 파면되었다. 이 사건의 진범은 현재까지도 잡히지 않고 미제로 남아있다.

# 12
# 살인누명을 쓴 김 순경의 이야기

1992년 11월 29일 오전 10시 15분경 관악경찰서 소속 김기웅 순경 (당시 26세)은 파출소에서 근무를 마치고 함께 밤을 보낸 애인 이 모 양 (18세, 여)을 다시 만나러 여관에 갔다. 둘은 그날 새벽 3시 반경 청수장 여관에 함께 투숙했고 성관계를 한 후 결혼문제로 의견이 대립해 다투 었다. 둘은 애인 사이로 결혼 얘기가 오갔지만 김 순경 집안의 반대로 갈등이 있었던 상태였다. 파출소 근무를 해야 했던 김 순경은 오전 7시 경에 파출소로 갔다가 다시 돌아온 것이었다. 그런데 김 순경이 여관에 도착해 방문을 두드려도 응답이 없었다. 방 안에서 TV소리가 나는 것으로 보아 이 양은 방 안에 있는 것으로 보였다. 갑자기 이상한 느낌이 든 김 순경은 여관 카운터에서 마스터키를 받아다 방문을 열었다. 이 양은 방을 나설 때처럼 침대에 누워있었다. 그녀는 실오라기 하나 걸치지 않은 상태였다. 하반신에는 이불이 덮여져 있었는데 이미 숨도 쉬지 않고,

심장도 멈춘 상태였다. 경찰관이지만 주검을 마주한 김 순경은 당황했고, 현장을 제대로 살필 심적 여유가 없었다. 혹시 자신과 다투고 속이 상해 약을 먹고 자살한 것은 아닌가 생각하며 경찰에 '자살한 것 같다.'고 신고했다.

그날 오후부터 경찰서 수사진의 본격적인 수사가 개시되었다. 일단 신고 당시 김 순경의 진술은 '자살'이었으므로 그를 전제로 사실 확인을 해나갔다. 그런데 자살로 보기 어려운 여러 정황들이 나타났다. 시신의 코와 입에는 휴지가 잔뜩 들어 있었다. 사망한 자가 스스로 휴지를 구겨 넣었을 리 만무했다. 현장인 여관방의 침대 옆 탁자 위에 피해자의 속옷이 있었고, 욕실에는 담배꽁초 1개가 버려져 있었다. 피해자의 옷과 가방은 욕조에 던져져 있었고, 가방의 소지품들도 어지러이 널려 있었다. 지갑에는 현금이 전혀 없이 텅 비어 있었다. 이것 역시 사망한 피해자가 그랬다고 보기 어렵고 누군가 다른 사람이 했을 정황으로 판단되었다. 침대 위와 휴지통에 던져진 휴지뭉치, 담배꽁초 등은 DNA 감정을 위해 수거되었다. 전화기와 재떨이, 물컵과 비닐봉지 등에서 총 다섯 개의 지문이 채취되었다. 검시과정에서 육안으로 볼 때 시신에 뚜렷한 상처는 발견되지 않았다. 침대 시트 위에 신발자국이 뚜렷이 있었지만 현장에 드나든 수사진이나 출입자의 발자국일 수 있다고 생각되어 별 의미 없는 것으로 판단하였다.

서울지방경찰청 감식반도 현장에 합류하였고, 시신과 현장에서 채취된 시료들은 국과수에 감정을 위해 보내졌다. 서울지방경찰청 감식반은 김 순경의 신고 당시 '자살'과 다른 중요한 사실을 확인한다. 약을 먹고 자살했다고 보기 힘들게 약물 중독사에서 보이는 소견이 전혀 보이지 않았고, 왼쪽 얼굴에 타박 흔적으로 보이는 미세한 흔적과 목 부분에 확연하게 보이는 압박흔이 발견되었다. 그리고 얼굴과 눈 부위에 확연한 울혈(국소 조직 내 정맥의 피가 심하게 증가되어 있는 상태로 시신에서 발견 시 자연사가 아닌 타살의 가능성을 추정하게 해줌)이 확인되었다.

수사진은 최초 신고를 했던 김 순경을 감시하기 시작했다. 그를 직접적으로 체포하거나 감금하지는 않았지만 감시인력을 두고 경찰서를 벗어나지 못하도록 했다. 피해자가 사망할 시간 즈음에 함께 있었고, 타살 혐의가 짙은 피해자의 사망을 신고하면서 '자살'로 신고를 했으니 당연히 용의선상에 오를 상황이었다. 이제 수사진이 확인할 것은 국과수에서 DNA시료에 의해 범인이 가려질 분석결과와 이 양의 사망추정 시간이 김 순경과 피해자가 함께 있을 시간으로 판단되는지의 여부였다. 당시 DNA 분석기술이 아직 초기 단계였으므로 시료분석 결과보다는 사망추정 시간에 기대를 더 걸고 있었을 것으로 보인다. 그러나 직장온도나 위장 내 잔류 음식물을 토대로 추정하는 사망시간은 변수가 많아 정확하지 않으므로 다른 가능성을 열어두어야 할 내용이다. 게다가 수사진은 쌀쌀한 초겨울 날씨에 현장인 여관방을 그대로 보존하지 않고, 창문을 열어버렸다. 범행당시의 일정한 온도와 환경을 보존해야 함에도 이를 훼손한 것이다.

그러나 김 순경을 의심하기 시작한 수사진의 눈과 귀에는 전문성을 갖추었다고 인식되는 서울청 감식반의 사망시간 추정이 곧 법관의 판결과도 같이 작용했다. 다른 사람의 범행가능성에는 귀와 눈이 닫혀버리는 '터널효과'가 이미 시작되고 있었다. 시반(사람이 죽은 후에 피부에 생기는 반점)형성, 사후 강직의 정도, 각막의 혼탁 정도, 직장 온도 등을 종합해 '사망한 지 10~12시간 경과(29일 새벽 3시부터 5시 반 사이)'라는 서울청 감식반의 통보가 관악서 수사진에 전달되었고, 이를 토대로 김 순경을 체포했다. 12월 2일 회신된 국과수의 부검결과는 경부압박(목조름)에 의한 질식사로 타살이라는 결론이었다. 그리고 12월 4일 사망 추정시간에 대한 경찰의 문의에 국과수의 회신도 '시체 강직' 정도로 보아 새벽 3시 10분부터 5시 10분 사이, 직장 온도 측정 결과로 보아 새벽 3시 30분 전후, 그리고 위장 내 음식물 소화 상태로 보아 섭취 후 2시간 이내 즉 새벽 4시 30분 전후로 나와 서울청 감식반의 추정과 대체로 일치했다. 다시 말해 피해자가 김 순경과 함께 있을 시간에 사망한 것으로 회신된 것이다.

현장에서 수거되었던 증거물에서 나온 지문과 혈액형 및 DNA는 대부분 김 순경과 숨진 이 양(혈액형은 두 사람 모두 A형)의 것으로 확인되었고 일부 지문은 감정 불능 상태였으며, 모발 중에는 혈액형 B형 모발 2점이 발견되었다. 그러나 제3자의 범행가능성을 보여주는 B형의 모발은 침대 위 족적과 함께 무시되었다. 그렇게 되니 당연히 용의자로 부각된 것은 김 순경 하나뿐이었다. 사망한 피해자와 김 순경이 함께 있었고, 제3자의 개입 가능성은 적어 보였으며 결정적으로 직장온도와 위장 내 음식물의 소화상태 등으로 추정한 사망시간은 김 순경과 숨진 이 양이 함께 있을 시각이었다.

이제 수사진에게 남은 과제는 김 순경을 신문하여 자백을 받아내는 것이었다. 자백이 나오면 이 끔찍한 사건과 관련하여 수사진이 해야 할 일은 끝나는 것이었다. 다시 말해 김 순경이 범인이라는 선입견에 사로잡힌 수사관에게는 김 순경의 범행을 입증할 증거 외에는 관심이 전혀 없는 '터널비전(터널에서는 터널 밖의 제한된 풍경만 보이듯, 수사관에게 선입견이 자리하게 되면 용의자로 보는 사람의 범죄를 입증할 증거나 정황에만 집중하고 다른 것은 무시하게 되는 현상으로 억울한 사람을 범인으로 오인하는 수사오류에서 많이 발견되는 현상)'이 생겨나고 이런 수사관들에게는 진실 발견보다는 범인이라고 생각되는 피의자에게서 자백을 받아내는 것을 당연히 처리해야 할 일로 인식하게 된다.

고참 수사관들이 김 순경을 신문하기 시작했다. 김 순경은 처음에 완강히 범죄혐의를 부인했다. 그러나 김 순경과 사망한 이 양이 함께 있었던 시각에 사망한 것으로 감정결과가 나왔고 제3자의 개입은 입증된 것이 없으므로 절대적으로 김 순경에게 불리한 상황이었다. 이런 상황을 설명하고, 빠져나갈 방법이 없으니 자백을 하는 것이 낫다는 회유와 설득이 이어졌다. 그리고 자백을 하면 살인보다 형량이 훨씬 가벼운 폭행치사를 적용하고 자수 감경을 통해 집행유예를 받게 해주겠다는 달콤한 유혹도 제시되었다. 수사에 경험이 없는 김 순경이지만 자신이 빠져나가기 어렵다는 상황 판단은 공감이 되었을 것이다. 신문은 한두 시간으로 끝나는 것이 아니다. 나중에 김 순경과 가족의 사실 확인에 따르면 김 순경의 범행 부인은 무시되었고, 위와 같은 설득과 회유, 자백하지 않으면 살인죄를 적용한다는 협박성 멘트도 곁들여지면서 고통스러운 신문은 5일간 잠도 재우지 않은 상태로 이어졌다. 잠을 재우지 않는 것은 그 자체로 고문이다. 결국 김 순경은 백기를 들었고 폭행치사에 부합하는 시나리오가 만들어졌다.

'김 순경 부모의 반대로 결혼을 할 수 없게 된 이 양이 자주 화를 내고 무리하게 결혼을 종용해 멀리하고 피하던 중 11월 28일 저녁에 이 양으로부터 만나자는 연락을 받고 김 순경의 야간 근무가 끝나는 29일 새벽 3시쯤 만나 여관에 갔다. 성관계를 가진 뒤 대화를 하던 중에 이 양이 다시 결혼을 종용하고, 김 순경이 부모 반대 등 어려운 사정을 말하자 이 양이 마구 욕설을 하며 김 순경을 모독하는 발언을 계속해 순간적으로 격분한 나머지 얼굴을 때리고 침대 밑으로 밀어 떨어뜨린 뒤 가슴 위에 올라타고 양 무릎으로 이 양의 팔을 눌러 반항하지 못하게 한 뒤 얼굴을 때리고 목을 조르는 등의 폭행을 하였는데 그만 이 양이 숨졌다.' 는 내용이었다. 이러한 김기웅 순경의 자백과 국과수의 부검결과 및 사망추정 시간에 대한 추정 회신을 토대로 구속영장이 발부되었고, 김 순경은 구속되었다.

그런데 김 순경은 검찰에 송치된 후부터 범행을 부인하기 시작했다. 경찰에서 작성한 신문조서에는 5회에 걸쳐 모두 자백이 기재되어 있었다. 단지 4회 조서 작성 시에만 일부 부인했다가 다시 자백을 하긴 했지만 검찰에서는 전면 부인했다. 김 순경은 자신의 범행을 부인할 뿐 아니라 이 양의 지갑에 있었던 10만 원권 수표 4장이 없어졌다는 진술을 했다. 수표에 대한 추적수사가 이루어졌는데 사라진 수표 중 2장이 은행에 돌아왔다. 뒷면에는 '남○○'의 주민등록번호와 집 주소가 배서되어 있었다. 당사자를 조사했지만 수표를 사용한 적이 없다고 부인했고, 사건 당시 범행현장에 없었다는 알리바이도 확인되어 용의선상에서 배제되었다. 이 부분은 수사에서 그저 사소한 의문으로 남겨지고 범행을 부인하며 수사에 협조하지 않는 김 순경에 대하여 검찰은 폭행치사라는 경찰의 수사의견과 달리 살인죄를 적용해 기소하였다. 1993년 5월 27일 1심 재판에서 검찰은 김 순경의 살인죄에 대하여 무기징역을 구형했고, 재판부는 살인죄를 인정해 '징역 12년형'을 선고하였다. 김 순경은 항소했지만 고등법원에서는 이를 기각하였다.

사건이 발생하고 1년이 지나서 이제 대법원의 상고심만 남은 상황이었다. 그런데 1993년 12월 2일 놀라운 반전이 일어난다. 관악경찰서 형사들에게 노상강도 혐의로 체포된 19세 서진헌이 여죄를 수사받던 중 김기웅 순경의 범죄를 자신이 한 것이라고 자백한 것이다. 서진헌의 자백은 범인만이 알 수 있는 내용이 포함되어 있었고, 김 순경을 수사할 때 해소되지 않았던 의문들이 해소되기에 충분했다. 우선 시신의 코와 입에 있던 휴지뭉치는 소리를 지르지 못하게 자신이 막은 것이었고, 침대 위에 신발을 신고 올라가 족적이 생겼다고 했다. 침대 시트 위에서 발견되었던 족적은 김 순경의 족적과 불일치했지만 서진헌의 족적과 일치했다. 수표에 배서된 '남○○'은 서진헌의 친구라고 했고 이는 사실로 확인되었다. 서진헌은 사건 당일 오전 7시~8시 사이 여관 주변을 배회하다 우연히 청수여관 203호의 열쇠를 주웠고 문을 열고 들어갔는데 옷을 벗고 혼자 잠자는 이 양을 발견했다. 돈만 훔쳐갈 생각으로 옷과 지갑을 욕실에 가져가 털었는데 이 양이 잠에서 깨 누구냐고 묻자 순간적으로 침대로 뛰어올라가 이 양의 입과 코를 막았다. 이 양은 강하게 저항했고 범행을 들킬까 두려웠던 자신이 이 양의 목을 눌러 질식시키고 소리를 지르지 못하게 입과 코에 휴지를 쑤셔 넣어 막아놓고 도주했다는 것이다.

이 진술은 수사과정에서 제대로 해명되지 못했던 부분, 즉 욕실에 던져져 있던 피해자의 옷과 지갑, 소지품들이 왜 그곳에 있었는지, 침대 시트 위에 왜 김 순경의 것과 다른 족적이 있었는지, 피해자의 수표에 배서된 '남○○'는 누구인지 등 중요한 사실들을 일거에 설명해주는 '범인'의 진술이었다.

서진헌의 진술이 신빙성이 높다고 판단한 대법원은 1993년 12월 16일 김기웅 순경에 대하여 '구속취소 결정'을 내려 석방하고 1994년 '무죄' 취지로 사건을 고등법원에 파기환송했다. 김 순경은 1994년 1월 28일 마침내 무죄를 선고받았다. 진범인 서진헌은 살인죄로 17년형을 선고받았다. 서진헌은 이후 모범수로 형기 만료 전에 석방되었지만 출소 후 친구의 집에 묵었다가 잔소리를 하는 친구 어머니를 살해하고는 속옷을 내려 마치 친구가 그 어머니를 성폭행하고 죽인 것처럼 현장을 꾸미고 거짓증언을 했다. 수사팀은 서진헌이 의도한 대로 수사를 진행하다가 그의 전과를 확인하고 추궁해 범행 일체를 자백받았다.

한편 무죄 선고 후 김 순경은 경찰관으로 복직을 하는 데도 애를 먹었다. 경찰에서 전례가 없는 일이라며 복직을 시키지 않아 소송을 통해 겨우 복직하였다. 그러나 그는 복직 3년 만인 1994년 5월에 퇴직한다. 수사를 담당했던 경찰수사관이나 검사 중 그 누구도 이 일로 징계를 받지 않았다. 살인죄 누명을 쓴 김 순경은 2002년에 백혈병 진단을 받아 다시 한 번 잔인한 운명의 굴레에 울어야 했다.

13

# 잃어버린 40년 — '춘천 강간살인 사건'

 

감히 그가 겪은 고난은 이야기하기도 조심스럽다. 평생을 살며 그가 느꼈을 삶의 고통에 근접하기라도 할 수 있을까? 그는 교사로 일하다 고향으로 돌아가 시골 동네 만화방을 운영하고 있었다.

그런데 1972년 9월 27일 강원 춘천시 우두동 논둑길에서 춘천경찰서 역전파출소장의 초등학생 딸(11세)이 성폭행 당한 뒤 목이 졸려 숨진 채 발견되었다. 바지와 속옷은 벗겨졌고, 그 옆에 그녀의 주황색 슬리퍼는 가지런히 놓여 있었다. 살해된 현장에서 발견된 증거는 범인이 흘리고 간 15.8cm 길이의 노란색 연필 한 자루와 머리빗 한 개였다.

법정의 정원섭 피고인

군사정권의 서슬이 퍼렇던 그 시절에 이 사건이 사회적으로 불안감을 조성하며 파장을 일으키자 내무부 장관은 10월 10일까지 범인을 검거하지 못하면 경찰서장을 문책하겠다는 엄포를 놓는다. 삼엄한 시한부 검거령 속에서 사건 발생 직후 무더기로 검거되어 온 용의자 30여 명 중에는 만화방을 하는 38세의 정원섭 씨도 포함되어 있었다. 사망한 파출소장의 딸이 그의 만화방에 자주 드나들었다는 것이 이유였다.

경찰은 정원섭 씨의 아들에게 현장에서 발견된 연필을 보여주며 "이게 네 연필이 맞냐?"고 물었다. 정 씨의 아들은 "아니다."라고 대답했다. 그러고 며칠 후, 다시 형사가 찾아왔고 정 씨의 아들에게 가방에서 하늘색 연필을 꺼내어 한 번 깨물라고 했다. 그리고는 그 연필을 받아갔다. 그것은 아버지 정 씨의 범행을 입증하는 증거가 되었다. 경찰은 연필을 물증으로 내세우며 정 씨를 범인으로 몰아세웠다. 정 씨에게는 속칭 '비행기 타기(혹은 통닭구이)' 고문이 이루어졌다. 결국 정 씨는 고문을 견디지 못하고 범행을 인정했다. 허위자백이었다.

연필 한 자루만이 유일한 증거였다. 범행 현장의 최초 목격자는 1심에서 "내가 본 건 누런 빛깔의 연필"이라고 증언했다가 위증 혐의로 구속되자 하늘색 연필이라고 말을 바꿨다. 이듬해 3월 1심 법원은 정 씨에게 무기징역형을 선고하였고, 1973년 11월 대법원도 정 씨의 유죄를 확정했다. 정 씨의 옥살이는 15년 동안 이어졌다.

교도소에서 억울함에 자살을 몇 번이나 시도했는데 은사님이 찾아와 "당신이 죽으면 사건 조작한 사람들이 정의가 되고, 당신은 영원한 죄인이 된다."는 말에 마음을 고쳐먹고 살아남아 진실을 밝히기로 결심한다.

수감된 지 15년이 지난 1987년 성탄절을 하루 앞둔 12월 24일. 정 씨는 광주교도소에서 복역하다가 모범수로 가석방됐다. 성실하게 수감 생활을 하며 신앙심을 키운 정 씨는 출소 뒤 신학교에 들어가 목사가 됐다. 다 잊고 용서해 보려 했지만 잃어버린 명예만큼은 되찾고 싶었다.

다행히도 정 씨의 변호를 맡았던 변호사가 수십 년 된 기록을 모두 보관하고 있다가 건네주었다. 무죄를 확신한 새 변호인들은 1999년 11월 서울고법에 재심을 청구했다. 동아일보도 이 사건의 진실을 밝히는 데 힘을 쏟았다. 3개월 동안 1000페이지가 넘는 사건 기록을 바탕으로 강원 춘천시 홍천군, 충남 천안시 등 전국 각지에서 사건 피해자의 부검의, 수사 경찰 등 증인들을 인터뷰했다. 동네 사람들에게선 "협박에 못 이겨 거짓 진술을 했다." 등 기록에 적힌 것과 다른 진술이 쏟아졌다.

그러나 재심 청구에 대하여 서울고법은 2001년 10월 "증인들이 진술을 번복한 내용을 믿기 힘들다."는 이유로 재심 청구를 기각했다. 정 목사는 포기하지 않았다. 2005년 진실·화해를 위한 '과거사 정리 위원회'에 진실 규명을 요청하고 나섰다. 위원회는 경찰이 고문과 가혹행위를 하고 증거를 조작했다는 흔적을 발견하고 사건 1심을 선고한 춘천지법에 재심을 권고했다.

위원회의 조사 내용에 따르면, 정 씨는 경찰 조사와 검찰의 2회 피의자 신문 시까지 자백을 유지했다. 그러나 검찰의 3회 피의자 신문에서부터 범행을 부인하고, 자백은 경찰의 고문에 의한 것이라고 주장했다. 사실 자백의 내용은 객관적 사실과 상당 부분 일치하지 않고, 고문당하던 상황에 대한 묘사는 상당히 구체적이고 일관된다. 당시 수사관들은 고문이 없었다고 주장하지만 처음 자백을 할 당시 경위와 상황에 대해서는 진술하지 못하고 있다. 주변 참고인들은 참고인임에도 조사하면서 가혹행위 내지 강압을 하여 허위진술을 강요했다고 주장하였다. 이러한 점들을 종합할 때 경찰은 정 씨를 수사하면서 경찰봉을 이용하여 피해자를 거꾸로 매달고, 피해자 얼굴에 수건을 덮고 물을 붓는 등의 고문 및 가혹행위를 한 사실이 인정된다.

또 한 가지 경찰은 '하늘색 긴 연필'이 피해자가 범행 중 흘린 연필이라며 증거로 제출하였다. 당시 강원일보에 났던 현장사진과 기사에는 '노란색 계통의 중간 내지 작은 연필'로 보도되어 있고, 피해자 아들을 조사했던 경찰관도 '크지도 작지도 않은 노란색' 연필로 기억하고 있다. 피해자 아들도 경찰이 처음 보여준 연필은 '노란색의 짧은 연필'로 기억하고 있다. 따라서 증거로 제출된 '하늘색 긴 연필'은 조작된 것으로 판단하였다.

위원회의 조사 결과에 따라 재심이 권고되자 법원에서 재심이 진행되었고, 법원은 마침내 사건이 발생한 지 37년 만에 정 목사에게 무죄를 선고했다. 검찰이 상고했지만 2년 뒤 대법원도 정 씨의 무죄를 확정했다. 실로 39년간 죄인으로 멍에를 짊어지고 살아왔던 고통의 나날이었다. 정 씨가 형무소에 있는 동안 아내는 범죄자의 아이를 임신했다는 이유로 동네 사람들에게 몰매를 맞기도 하였고, 교통사고로 한쪽 다리를 잃는 불운을 겪었다. 갓난아기 때 한 번 안아본 둘째 아들은 30대의 장성한 성인이 되어 있었다. 정 목사는 출소 후에도 가족과 함께 살지 못했다. 죄인이라는 누명을 벗기 전에는 가족에게 부담과 악몽의 기억만을 줄 뿐이었고 본인도 함께 사는 것이 고통일 수밖에 없었기 때문이다.

누명을 벗은 정 목사는 국가를 상대로 손해배상 청구소송을 냈다. 1

심에서 26억 원의 배상판결이 났지만 항소심에서는 청구소송이 법정기
한을 10일 넘겼다는 이유로 단 한 푼도 받을 수
없다는 판결을 했다. 국가로 인해 받은 고통과
통한의 세월을 사소한 법률상의 이유로 보상도
받지 못하게 된 것이다.

영화 '7번방의 선물' 포스터

그의 이야기는 '뿔'이라는 책으로 출간되었
고, 영화 '7번방의 선물'의 모티브가 되기도 하였
다. 정원섭 목사는 안타깝게 2021년 2월 한 많은
삶을 마감했다.

# 14

# 수원과 뉴욕의 데자뷰 — 수원노숙소녀 사건

2007년 5월 14일 새벽 05:30경 경기도 수원시의 한 고교에서 신원불명의 10대 소녀가 숨진 채 발견되었다. 얼굴과 팔, 다리 등 여러 곳에 멍자국이 있어서 심하게 구타를 당한 것으로 보였다.

그런데 피해자의 신원을 확인하기도 전인 사건발생 다음날 경찰은 근처에서 노숙생활을 하던 29세 정 모 씨 등 2명을 검거했고, 이들은 피해자가 자신들의 돈 2만 원을 훔친 것으로 알고 마구 때리다가 의식을 잃자 도망쳤다고 진술했다. 피해자는 주민등록증도 발급받지 못한 18세 미만의 소녀라는 것만 밝혀졌을 뿐 이름조차 확인되지 않다가 경찰과 매스컴의 노력으로 2007년 7월 2일에서야 친모가 나타나 신원이 확인되었다.

피해자를 구타하여 사망에 이르게 했다는 주범 정 모 씨는 1심에서 징역 7년을, 항소심에서 징역 5년을 선고받았고, 공범 강 모 씨는 폭행

가담 사실만 인정되어 벌금형을 선고받고 형이 확정되었다.

그런데 2008년 1월 검찰은 위 사건의 진범이 따로 있다는 제보를 바탕으로 재수사에 착수하여 이미 확정판결을 받은 정 모 씨 등이 오히려 단순 가담자들이고, 만 18세인 최 모 군을 비롯한 14~18세의 10대 가출청소년 5명이 진범으로 밝혀졌으며 이미 진범들이 자백을 했다면서 이들을 상해치사 혐의로 기소했다. 최 모 군 등 5명은 가출 후 수원역 등에서 노숙생활을 하는 청소년들로 그중 일부는 절도나 공갈범행도 수회 저질러왔다.

최 모 군 등은 1심 법정에서 위 피해자를 때려 숨지게 했다고 자백한 것이 검사의 회유에 의한 것이라며 범행을 부인했지만, 재판부는 상해치사의 점을 유죄로 인정하여 주범인 최 모 군에게는 징역 4년, 나머지 10대 3명은 소년범에 해당하여 징역 단기 2년, 장기 3년을 선고했다(1명은 나이가 어려 소년원에 보내짐).

그러나 2심 재판부는 최 모 군 등의 위 피해자에 대한 상해치사의 공소사실에 대하여 무죄를 선고했고, 2010년 7월 22일 대법원은 위 사건에 대한 검사의 상고를 모두 기각했다. 처음 검거되었던 정 모 씨 등 2명과 최 모 군 등 5명에 대한 상해치사의 공소사실에 대해 모두 무죄가 확정되었다.

이 사건은 매우 특이하게도 7명이나 되는 사람들이 허위자백을 했고, 결국 사람을 살해한 진범을 검거하지 못하였다. 어떻게 7명이나 되는 사람들이 모두 허위자백을 한 것일까?

이 문제는 고문이나 폭행이 자주 발생하지 않는 현대의 신문(訊問) 환경을 고려할 때 매우 중요하게 다루어져야 할 문제이다. 일반적으로 사람들은 고문이나 폭행 등의 강압적인 신문 환경이 아닌 상태에서 허위자백은 발생하지 않을 것이란 신념을 갖고 있다. 따라서 여러 사람이 허위자백을 하게 된 배경을 잘 살펴볼 필요가 있다. 그리고 이 해답을 찾는 데에는 앞서 다룬 '뉴욕 센트럴파크 조깅녀 사건(Centralpark Jogger Case)'의 경우와 이 사건의 공통점을 검토할 필요가 있다.

이상의 두 사례는 여러 가지 점에서 공통점을 지니고 있다.

첫째, 10대 5명이 허위자백으로 피해를 보았다는 점,

둘째, 자백 외 피의자들의 범죄를 입증할 증거가 없었다는 점,

셋째, DNA 분석 결과와 알리바이 확인 등 피의자들에게 유리한 증거가 무시되었다는 점,

넷째, 범행을 부인하는 장면은 녹화되지 않고 자백한 이후만 녹화되었다는 점,

다섯째, 장시간 신문이 지속되었고 범행을 부인해도 이는 무시되고 계속해서 유죄를 인정하라는 같은 내용의 질문이 반복되었고 피의자가 허위자백의 길을 선택하도록 몰아가는 피의자 신문기법이 활용되었다는 점,

여섯째, 자백을 하면 '집에 보내준다.', '공범이 모두 자백했다.'는 기망이 있었고 이 기망은 허위자백을 이끌어내는데 강력하게 작용했다는 점이다.

일곱째, 자백내용을 구체화하는데 사진을 보여주며 대답을 유도한다든가, 사건정황에 맞지 않는 진술을 할 때는 진술이 잘못되었음을 알리고 의도대로 진술하게 유도하였다. '주먹으로 때려서는 이렇게 피해자

처럼 되기 힘들죠, 이 정도면 돌이나 몽둥이 정도로 때려야 되죠', '사람을 그냥 때려서는 죽지 않는다. 엄청나게 때려야 죽는다.' 등의 강한 유도성 발언을 통해 약자인 피의자를 압박하였다.

이처럼 두 사건 모두 수사기관의 시나리오에 맞춰 수사가 진행되었고, 신문의 압력을 이기지 못한 사회적 약자가 수사기관이 원하는 답변, 즉 허위자백을 했다는 것을 보여준다. 노련한 수사관일수록 그들이 원하는 답을 피의자로부터 빨리 쉽게 얻어낸다는 것은 수사전문가라면 누구나 아는 사실이다. 그러나 사례들은 그 속에 허위자백이 들어있을 가능성도 높다는 것을 보여주고 있다.

공개된 영상을 확인해보면 허위자백을 하는 피의자의 옆에는 항상 수사관이 있으면서 진술을 돕고 있다. 허위자백이 일단 시작된 후 범행을 잘 모르는 피고인들이 진술을 주저하면 현장사진이나 피해자의 사진을 보여준다든지, 힌트를 주는 등 유도성의 정보가 제공되었다는 것이다. 이들은 이 정보에 따라 신문을 진행하면 할수록, 자백의 내용을 이야기하면 할수록 범행의 강도가 강해지는 흉악범으로 변해갔다. 이건 마치 사나운 맹수에게 물린 사슴과도 같은 상황이다. 맹수가 일단 사슴을 도망가지 못하게 잡게 되면 치명적인 급소를 찾아 물고 늘어지기 때문에 결국 서서히 목숨을 잃어갈 수밖에 없는 것처럼, 허위자백의 덫에 걸린 피의자는 일단 허위자백이 시작되면 수사관의 유도신문 등에 이끌려 시간이 갈수록 범죄사실에 부합하는 진술을 하게 되고, 궁극에는 돌이키기 어려운 지경까지 함락되어갈 수밖에 없는 이치이다.

구체적으로 피의자가 범죄사실에 부합하지 않는 진술을 할 경우, 예컨대 두개골이 함몰된 이유에 대해 피의자가 주먹으로 때려서 그렇다고 진술하자, 두개골의 함몰은 주먹으로는 되지 않는다며 현장에 있던 돌이나 몽둥이 등이 있었던 것을 상기시키면 피의자는 반가운 표정으로 돌을 지목한다. 반가운 표정을 짓는 것은 한 마디로 자백을 돕는 힌트를 얻었기 때문이다. 허위자백이라도 해버리고 집에 가거나 괴로운 신문에서 벗어나고 싶어서 막상 구체적인 범행내용을 진술하려고 하지만 잘 모르는 상황인데 수사관이 이를 도와주니 어린 피의자의 표정은 반가움을 표하고 있다고 해석할 수 있다. 이렇게 해서 자신을 엄청난 형사처벌의 나락으로 빠뜨릴 허위자백은 완성되게 되는 것이다.

자백이 끝나고 수사관이 원하는 답이 모두 나오면 신문은 끝이 나고 당연하게 범죄자가 된 피의자들이 집에 돌아가는 일은 발생하지 않는다. 신문이 끝나고 조서가 작성되면 그들을 더욱 옥죄게 될 현장검증이 실시된다. 물론 그들은 현장을 잘 알지 못하기 때문에 스스로 진술했음에도 현장에서 우왕좌왕하게 되고, 여기서 한 번 더 수사관은 이들의 조력자로서 역할을 충실히 한다. 현장상황을 사전에 설명하는가 하면 어쩔 줄 몰라 하는 피의자들에게 힌트나 암시를 주고 혹은 조서의 진술내용을 상기시켜 주기도 한다.

이 두 사례는 무고한 사람이 허위자백을 통해 형사처벌을 받는 형사절차 최대의 실패작임을 보여주는 것이다. 더구나 가공할 일은 이런 일들이 발생하고 있음에도 우리나라의 경우 정확한 통계조차 알 수 없다는 것이다.

그리고 여기에는 허위자백과 관련하여 자주 활용되는 두 가지 신문기법, 즉 최소화(Minimization), 최대화(Maximization) 기법이 활용되고 있다. 바로 Reid 기법(미국의 수사관 출신인 Reid가 개발)이라는 신문기법이 갖는 큰 문제점의 하나로 지적되는 것이다.

최소화 기법은 신문 초기 피의자의 범행이 대수롭지 않은 것이고 이해할 수 있는 수준이라는 인식을 갖도록 하는 것이다. 즉 범죄에 대한 책임을 피해자나 공범과 같은 타인에게 돌리거나 상황 탓을 하도록 변명거리를 제공하는 것이다. 이를테면 살인을 한 것은 피해자가 도발을 했기 때문이라거나, 피해자가 인성이 나쁜 사람이기 때문이고, 친구나 공범의 압력으로 어쩔 수 없이 범행을 한 것으로 누구라도 비슷한 행동을 했을 것이라는 등의 대화를 통해 감정적으로 지지해주는 것이다.

반면, 최대화 기법은 최소화 기법과는 다르게 좀 더 공격적으로 피의자의 자백을 설득하는 과정이다. 즉 피의자를 겁주려는 목적으로 범죄의 심각성을 과대포장하고 목격자가 있다거나 DNA 증거가 발견되었다는 식의 허위증거를 제시하기도 한다. 또한 수사관은 그들이 유죄라고 확신하고 있으며 부인할 경우 가혹한 형벌을 받을 것임을 고지하는 것도 포함된다.

통상적으로 한 수사관이 최대화 기법을 사용하고, 다른 수사관이 선한 사람처럼 접근해 최소화 기법을 활용했을 때 자백의 가능성은 극대화되는 것으로 알려져 있다. 이러한 기법의 사용은 죄가 없는 사람, 특히 미성년자나 정신지체 장애인에게 허위자백을 하게 할 가능성이 높다고 한다. 수원노숙소녀 사건은 그 자체로 이를 입증하고 있다.

또한 허위자백에서 자주 발견되는 현상인 확산효과(Multiplying Effect)가 발생하였다. 이는 한 사람의 허위자백이 다른 사람에게로 확대되는 특징을 말한다. 즉 공범이 있는 사건의 경우 수사기관은 한 사람이 허위자백을 하게 되면 공범의 존재를 추궁하게 되고 일단 허위자백을 한 취약한 피의자는 허구의 공범을 만들어 진술하게 된다.

요컨대 이 두 사례는 사람을 때려서 죽게 했다는 엄청난 범죄를 허위로 자백할 리 없다는 우리의 상식, 그것도 무고한 사람들이 5명이나 허위자백을 할 리 없다는 우리의 상식이 완전히 틀렸음을 보여주는 것이다.

## | '재심 전문' 박준영 변호사 이야기

박준영 변호사는 별명이 여러 가지다.

'바보 변호사', '파산 변호사', '재심전문 변호사' 등등.

필자가 박준영 변호사를 만난 건 바로 '수원노숙소녀 사건' 때문이었다. 2011년에 허위자백을 주제로 박사논문을 준비하며 사례를 수집하던 중 '수원노숙소녀 사건'을 접하게 되었고, 사건의 국선변호인이 어린 피의자들을 위해 현장에 가보고 이들의 호소에 귀 기울였다는 점이 인상 깊었다. 보통 한 사건 당 20~30만 원의 수임을 받는 국선변호인이 범죄현장에 가서 자백의 진위를 확인한다는 것은 이례적인 일인데 그는 그만큼 남달랐던 것이다. 박사학위를 취득한 후에도 필자는 박 변호사를 종종 만나 식사도 하고, 재심사건 관련 대화를 나누기도 하였다. 박 변호사는 허위자백의 연구를 위해 필요한 자료를 아낌없이 내주었다. 그 즈음 그는 '수원노숙소녀 사건'을 계기로 전국에 알려진 유명한 사람이 되어 있었고, 각지에서 사건 의뢰도 많이 들어와 사무실을 늘려나가고 있었다.

그런데 어느 날 깜짝 놀랄 이야기를 꺼냈다. 한참 번창하고 있는 변호사 사무실을 닫아버렸다는 것이다.

"무슨 일이 있으시기에 문을 닫으셨나요?"

"재심사건에 전념하려구요. 재심사건을 제대로 하려면 돈을 받는 사건을 해서는 안 될 것 같아서요."

말인즉슨 재심을 하려면 판사, 검사와 소위 '맞장'을 떠야 하는데 돈을 받는 사건을 하면 그럴 수 없다는 것이다. 가족을 건사해야 하는 가장이 힘없고 돈 없는 억울한 사람들을 위해 자신의 생계와 사무실을 뒷전으로 미루고 무료로 재심사건에 몰두한다는 것이 잘 믿기지 않았다. 결국 이후에 그는 가족들이 사는 집 월세를 내기도 어려운 상황까지 몰려 '파산 변호사', '바보 변호사'라는 별명까지 얻었다. 어떻게 저런 용기가 나올까?

그 후 박준영 변호사는 필자가 살아가면서 직접 눈으로 보고 정말 용감하다고 생각하는 두 번째 인물이 되었다. 그리고 나보다 한참 나이가 어린 사람을 존경하게 된 대상으로는 이 분이 처음이었다.

재심에 전념하기로 한 그날 이후로 박준영 변호사는 그야말로 우리나라 형사사건 재심의 살아있는 역사가 되었다. '수원노숙소녀 사건'에서 7명의 억울한 허위자백 피해자들을 구제해주었고, 계속해서 '약촌오거리 사건', '삼례 강도살인 사건', '부산 엄궁동 2인조 살인사건', '8차 화성연쇄살인사건' 등 모두 재심을 통해 억울한 피해자들을 구제하였다. 그 동안 우리나라의 형사사건에서 재심은 거의 불가능한 것으로 여겨졌다. 그리고 미국과 달리 확정판결이 나면 관련 증거들을 남기지 않고 폐기해버리는 현재의 시스템에서는 억울한 누명을 쓴 사람을 구제할 길이 사실상 없다고 여겨지던 터였다. 이런 상황에서 허위자백을 하고 누명을 쓴 사람들을 연달아 구제해주고 있는 박준영 변호사는 오늘날 많은 허점을 가진 우리나라 사법제도의 보석과도 같은 존재이다.

그러나 사실 지금까지 박준영 변호사의 역할은 개인이 아닌 공익단체나 국가에서 해 주어야 할 역할이라고 본다. 그가 그토록 어려운 일을 자신을 희생하면서 외롭게 해나가야 할 이유가 무엇인가? 한국사회가 그 정도도 못할 만큼 후진적이란 말인가? 대한민국에는 법무부도 있고, 변호사 단체도 있으며, 법률구조공단도 있다. 그가 개인으로서 파산위기에 몰릴 정도로 스스로를 희

생하면서 재심사건을 하도록 방치하는 것은 사법의 신뢰를 위해서도 바람직하지 않다고 본다.

앞으로는 박준영 변호사도 개인으로서 행복한 삶을 누릴 수 있는 기회가 부여되어야 할 것이다. 항상 그의 전진을 응원하고 그의 행복을 기원한다. 그의 선한 눈빛과 솔직하고 시원시원한 태도가 그리워진다.

# 15

# 경찰서장이 허위자백을? —
# 박용운 서장의 뇌물사건

2001년 4월 7일 충북 옥천경찰서장으로 근무하던 박용운 총경은 경찰서에서 회의를 주재하던 중 갑자기 들이닥친 검찰 수사관들에 의해 검찰청으로 연행된다. 특별히 범죄행위를 한 바 없는 박 서장은 금방 혐의를 풀고 돌아올 것으로 예상했고, 별다른 저항 없이 순순히 그들을 따라 나섰다. 그러나 그것이 길고 긴 악몽의 시작일 줄은 꿈에도 생각하지 못했다. 박 서장이 검찰에 연행된 혐의는 다음과 같다.

피고인(박용운)은 1999년 9월 27일부터 2001년 1월 14일까지 충남지방경찰청 방범과장으로 재직하면서 부하직원인 피고인 구병일(가명) 경사로부터 관내 오락실을 잘 봐달라는 청탁과 함께 5회에 걸쳐 2,300만 원을 수수하였다. (피고인 구병일 경사는 1999년 8월 중순경부터 2000년 8월경까지 30여 회에 걸쳐 오락실 업주들로부터 단속무마 명목으로 8,150만 원의 뇌물을 수수하여 이 중 일부인 2,300만 원을 위와 같이 피고인 박용운에게 뇌물로 공여하였다.)

박 서장은 검찰의 조사와 1심 법정에서 일관되게 범행을 부인하였다. 그러나 1심에서 박 서장과 구병일 경사는 모두 유죄를 선고받았다. 박 서장은 재판에 불복해 항소하였는데 놀랍게도 2심 법정에서는 줄곧 부인해오던 뇌물수수 혐의를 인정하는 자백을 하였다. 그리고 이후 박 서장이 대법원에 상고하여 2002년 5월 10일에 이르러서는 무죄취지의 파기환송 판결을 받았고, 대전고등법원에서 무죄판결을 받았으며, 2003년 10월 23일에 마침내 대법원에서 최종 무죄판결이 확정되었다.

박 서장이 회의도중 연행된 2001년 4월부터 최종 무죄가 확정되기까지 2년 6개월의 기간은 박 서장의 명예로운 공직 일생에 지옥보다 더한 악몽의 시간이었다. 어떻게 이런 일이 발생하였던 것인가? 경찰서장까지 지낸 사람이 자신이 짓지도 않은 범죄를 법정에서 인정했다는 것인가? 이 사건에 대한 의문은 그 동안의 경과와 뇌물을 주었다고 진술한 구병일 경사에 대한 수사에서 해답을 찾을 수 있었다.

당시 이 사건을 조명한 MBC PD수첩(제548회, 2003. 7. 1)에서는 검찰이 대전 일대 오락실 자금이 정치권에 들어간다는 첩보를 토대로 수사를 했으나 별다른 소득이 없었고, 시중에 오락실을 돌봐주는 배후에 경찰보다는 검찰이 더 많다는 설이 돌자 이를 무마하기 위해 경찰 간부에 대한 수사로 방향을 선회한 것으로 보인다는 내용이 있다. 검찰은 무리한 수사로 구 경사나 박 서장에 대한 공소유지가 힘들 것을 예상했는지 이례적으로 구 경사를 기소한 이후에도 계속 검찰로 소환해 회유·협박을 한 것으로 보인다.

그렇다면 구 경사는 왜 박 서장에게 뇌물을 주었다는 자백을 하게 된 것일까? 박 서장이 무죄판결을 확정받고, 자신을 모함했던 구 경사와 전직경찰관 이 모 씨를 상대로 손해배상청구 소송을 제기하였는데 이 판결문에 구 경사와 이 모 씨의 항변이 상세히 기술되어 있다. 대전고 등법원의 판결문(2005나2033)을 보면 법원이 인정한 당시 상황을 볼 수 있다.

> …검찰은 피고 구병일에게 무릎을 꿇게 하고, 뺨을 때리며 욕설을 하고, 시키는 대로 하지 않으면 행정공무원인 처도 근무를 하지 못하게 하겠다는 등의 폭행과 협박을 하였다. 그러면서 구병일의 경찰 상사들 명단과 고향 출신 선배 및 다른 간부들의 명단 등을 불러주면서 오락실 업주로부터 돈을 받아 상납해 주지 않았는지 추궁하였다. 결국 피고 구병일은 오락실 업주로부터 돈을 받아 검찰청 직원과 경찰관들에게 돈을 주었다는 내용의 자술서를 작성하고, 진술조서에 서명무인을 하게 되었다. 피고 구병일은 밤새 조사를 받은 후 다음날 새벽 06:00경 나왔다. 그 후 또다시 검찰 수사관에 의하여 아이들이 잠을 자고 있는 피고 구병일의 아파트가 수색 당하였다.
> 피고 구병일은 2001. 3. 21. … 갑자기 체포되었다. 그때부터 같은 달 24. 21:30경 구속영장이 집행될 때까지 잠도 제대로 자지 못한 채 밤샘조사를 받았다.

판결문에서는 이렇게 체포 후 이루어진 불법적인 신문에 더해 구병일 경사가 조사받았던 특수조사실에서의 상황을 보다 구체적으로 묘사하고 있다. 일반인들이 경험할 수 없는 외부와 차단된 신문실의 상황을 잘 이해할 수 있는 내용이다.

피고 구병일은 계속하여 특수조사실에 있었는데 특수조사실은 검은 커튼으로 창문이 가려져 있고, 시계가 멈추어져 있어 시간의 흐름을 가늠할 수 없게 되어 있었다. 피고 구병일은 그곳에서 수갑에 채워진 채 장시간 혼자서 대기하기도 하고, 철제의자에 앉아 조사를 받다가 그대로 잠시 잠을 자기도 하였다. 검찰은 조사 도중 피고 구병일을 슬리퍼나 플라스틱 자 등으로 툭툭 치기도 하고, 담뱃재를 얼굴에 떨기도 하였다. 특수조사실에는 컴퓨터만 있고, 프린터가 설치되어 있지 않아 조사 후에는 디스켓을 가지고 검사실로 가서 조서를 인쇄하여 왔다. 피고 구병일은 하루에 받은 조서가 무려 70 내지 80페이지에 달하고, 잠을 자지 못해 조서를 제대로 읽어보지도 못한 채 서명 무인을 하였다.

판결문에서는 그 외의 상황에 대해서도 언급하고 있다. 구 경사는 수감된 후 30일 간 가족이나 변호인 등 누구와도 접견이 금지되었고, 매일 검찰청에 소환되어 갔다. 교도소는 3월이라 추워서 내복과 솜옷이 없이는 견디기 어려웠는데 면회가 금지되어 이를 받아 입을 수도 없었다. 검찰청에 소환된 후에는 난방이 제대로 되지 않는 대기실에 수갑과 포승에 메인 채 혼자 장시간 대기하면서 추위와 불안에 떨었다.

이처럼 잠을 재우지 않는 가혹행위, 면회와 변호인 접견을 불허하는 위법적 수사를 통해 구 경사는 오락실 업주 곽 모 씨에게 받지도 않은 뇌물 5천만 원을 받았고, 또 박용운 서장에게 2,300만 원을 뇌물로 주었다는 허위자백을 하게 된다. 그런데 박 서장의 범행부인과 구 경사의 허위자백 주장에도 불구하고 1심 재판부는 박 서장에게 징역 5년, 추징금 3,450만 원을 선고하였다. 그리고 항소심에서도 역시 유죄판결을 내리고 징역 2년 6월에 집행유예 4년을 선고하였다. 1, 2심 재판부는 뇌물공여자인 구 경사의 '자백의 임의성(자유로운 상태에서 임의로 자백을 함)' 판단에 있어 구 경사가 경찰공무원으로서 학력과 지능이 충분하고 자백이 재판에서 갖게 되는 의미를 잘 알고 있을 것으로 보이는 점 등을 이유로 하여 자백의 임의성을 인정하여 증거능력을 쉽게 인정하고 있다.

그렇다면 박용운 총경은 왜 일관되게 부인해 오던 뇌물수수혐의를 2심 법정에서 인정한 것인가? 그가 2심 판결을 받고 집행유예로 석방되고 나서 대법원에 상고하며 상고장에 2심 자백의 이유를 소상히 소개하고 있다.

> 본 피고인은 검찰조사 이래 1, 2심에 이르기까지 일관되고 분명하게 '기소범죄 사실'을 부인하며 검찰조사의 모순점과 관련자 진술의 허구성을 반박하여 왔는데, 당시 본 피고인의 사선 변호인이던 최OO 변호사가 줄곧 "무죄를 확신한다."며 무죄변론을 계속하여 오던 중, 결심공판 기일 며칠 전에 교도소로 접견을 와서는 갑자기 "자백을 하지 않을 경우 징역형을 선고받을 가능성이 있다. 집행유예로라도 석방되려면 자백을 검토해보라."는 충격적인 조언을 듣고는 다시 한 번 경악한 채 절망의 늪으로 빠져들지 않을 수 없었습니다(실제 함께 기소되었던 다른 총경은 자백을 하고 이미 집행유예로 석방됨).⋯ 만일 2심에서도 자백을 하지 않아 정상참작사유가 없어서 수년의 징역형을 선고받는다면, 그리하여 '하늘의 별따기'라는 대법원 상고심에서 만일 기각이 될 경우 꼼짝없이 수년의 실형을 복역해야 할 것을 생각할 때 그것은 차라리 죽음보다 더 끔찍한 공포 그 자체였으며, ⋯ 본 피고인은 그 충격으로 교도소 식음을 전폐한 채 몇 날 밤을 지새워 번민하다가 일단 자백을 한 후 석방되고 나서 검찰이 조작수사한 증거

들을 수집, 상고할 요량으로 그 한 많은 진실을 묻어둔 채 2심 결심 공판기일의 법정에서 '기소 범죄사실'을 허위자백하게 된 것입니다.

그렇게 2심 법정에서 뇌물을 받았다는 허위자백을 하고 교도소로 돌아와 아내에게 쓴 편지에는 다음과 같이 적고 있다.

> 恨이란 이런 것인가? 오늘 결심 공판기일 법정에서 나는 나 자신에게 차마 못할 짓을 하였소. 인간이 자기 자신을 속이는 것보다 더 비참하고 굴욕적인 일이 어디 있을까마는, 나는 오늘 나 자신을 속이고, 재판부를 속이고, 진실과 정의를 속이는 치욕의 악행을 저지르고 말았소….

박용운 서장은 2심에서 징역 2년 6월에 집행유예 4년을 선고받았고, 출소했다. 그리고 바로 대법원에 상고하며 상고이유서를 제출하였다. 사실 대법원에서 그때까지의 진행상황만으로는 무죄를 확신할 수 없었다. 그런데 하늘이 도운 것일까? 검사가 구 경사와 그의 동생을 검사 사무실로 불러 이미 박용운 총경이 뇌물을 받지 않았음을 (검사가) 알고 있으며, 그래도 뇌물을 주었다는 진술을 번복하면 감당못할 형량을 받을 수 있다는 협박성 대화를 하였고, 이를 구 경사의 동생이 녹취하여 제출한 것이다. 다음은 녹취 내용의 핵심부분이다.

검사 : 박 총경(박용운)에 뇌물로 주었다는 돈은 변제해준 걸로 빌린 돈 맞는데, (그대로) 진술하면 죽일 놈 되는 거야. 곽사장(뇌물공여 오락실 업주)한테 받아서 전달한 혐의는 창구의 일원화라는 개념이야. 구 경사가 천만 원 받아서 분배 역할을 했다는 거야

구병일 : 저 10원 한 장 받아서 쓴 것 없다고요

검사 : 추징금은 내가 최대한 노력해서 빼줄게, 박 총경에 대해 뇌물

을 주었다는 진술을 번복할 경우 감당 못할 양형을 받을 수도 있다.

이 녹취내용은 박용운 총경이 대법원 상고심에서 무죄를 받는 결정적인 증거가 되었다. 결국 이 사건을 돌아보면 오락실 업주에게 일부 뇌물을 수수한 사실이 있는 구 경사를 잡아다 가혹행위와 협박을 통해 뇌물을 상납한 사실을 자백하도록 강제하였던 것이고, 견디지 못한 구 경사는 죄가 없는 박용운 총경에게 뇌물을 준 것으로 허위자백한 것이다. 이를 근거로 박용운 총경은 연행되었고, 혹독한 신문에서도 범행을 계속 부인하였지만 1심은 오히려 '범행을 뉘우치지 않는 악질'로 보아 (자백을 했던 다른 경찰관은 집행유예를 선고받고 석방됨) 박 서장에게는 실형을 선고하였다. 2심에서도 계속해서 범행을 부인했다면 집행유예 선고를 받지 못하였을 것이었는데, 변호인이 조언을 하여 모욕감을 무릅쓰고 허위자백을 해 집행유예를 선고받고 석방될 수 있었던 것이다. 다행히 대법원에 상고를 한 상태에서 검사의 악의적인 '범죄 뒤집어씌우기'가 일부라도 확인되어 무죄를 선고받을 수 있었다.

이 사건과 관련하여 주의 깊게 살펴볼 대목이 있다.

첫 번째는 바로 검사의 위법행위에 대한 단죄여부이다.

이 사건은 대전지역 오락실 업주들이 정치권에 자금을 대고 있다는 첩보를 토대로 대대적인 수사에 착수한 사건이다. 사건과 관련하여 60여 명이 입건되고, 모두 22명이 구속되었는데 이 사건에는 유난히 억울함을 주장하는 사람들이 많았다고 한다. 공통적으로 거론되는 것은 연행 과정에서 아무런 사유도 밝히지 않고 '일단 가보면 안다'는 식으로 연행이 되었다는 것이다. 체포영장은 발부되지도 제시되지도 않았다. 박용운 총경이나 구병일 경사의 경우도 여기에 속한다. 또한 연행된 이후에는 대부분 아무런 이유도 고지 받지 못하고 장시간 감금되었다고 한다. 사실상의 불법체포·감금에 해당한다. 박용운 서장의 경우 낮 12시에 연행되어 밤 9시에 긴급체포되면서 9시간을 불법 체포·감금상태로 있었다. 또한 오락실 업주 곽 모 씨는 오전에 연행되어 다음날 새벽에 긴급체포되었으니 그보다 긴 시간을 불법체포·감금 상태로 있었다. 심지어 검찰청 직원이던 황 모 씨도 연유를 모르고 연행되어 그 다음날 저녁까지 감금되어 있었다고 한다.

두 번째는 조사과정의 위법성이다.

휴식시간을 전혀 주지 않고 밤샘 조사를 하는 것이 관행이며, 열심히 일한다는 하나의 자랑거리로 존재한 것이 그 당시 수사기관의 행태였다. 구병일 경사의 경우 4일씩 2회나 밤샘조사를 했고, 그렇지 않은 날도 대부분 잠을 재우지 않으며 휴식할 시간도 주지 않았다. 영국의 경우 수사실무규정(Interrogation Code)은 아예 2시간 신문을 하게 되면 휴식시간을 주도록 규정되어 있고, 하루 24시간 중 8시간 이상은 아무것도 하지 않고 휴식 또는 잠을 잘 수 있도록 보장하는 규정을 두고 있다.

세 번째로 이 사건에는 경악스러운 검사의 성추행까지 있었다. 검찰에 불려간 오락실 업주가 검사의 지시에 의해 옷을 모두 벗은 상태로 무릎을 꿇고 손을 든 상태에서 '마약으로 혼 좀 나 볼테냐?'는 협박을 받는가 하면, 심지어 음모를 뽑히는 추행까지 당했다는 것이다. 극도의 모멸감을 느끼던 차에 다른 검사가 들어와 만류하자 그 검사를 향해 강제로 '감사합니다'를 십 수 회나 외친 다음에야 옷을 입을 수 있었다며 당시 뽑혔던 음모가 접착테이프에 묻어 있는 것을 몰래 가지고 나와 법정에 제시한 것이다.

놀랍게도 이 사건을 수사했던 검사는 위법행위로 처벌을 받기는커녕 당해 연도 '전국 최고검사'로 선정되었다고 한다. 당시 검찰의 수사권과 기소권이 독점되어 있는 상황에서 검찰의 비위행위를 제대로 수사하고 단죄할 수 있는 기관도 사람도 없었다. 한 방송에서 검찰의 내부감찰을 담당한 검사에게 이 사건과 관련한 내용을 알려주고 왜 조치가 없는 것인가 묻자 해당검사는 "무죄사건이 얼마나 많은데 그때마다 조치를 한다면 검사가 어떻게 배겨나겠는가?"라고 하였다. 그에 대해 기자가 "그래도 판결문에 검사의 가혹행위가 나타나 있는데도 조치를 하지 않는단 말인가?" 하고 묻자 감찰 담당 검사는 "법원의 판단과 검찰은 견해차이가 있을 수 있다."라고 답하고 대수롭지 않게 여기는 태도를 보인다.

박용운 서장의 이야기는 사건이 종결되고 MBC PD수첩 제548회(2003. 7. 1), SBS 그것이 알고싶다 제312회(2004. 10. 16), KBS 한국사회를 말한다(2004. 8. 28) 등의 TV프로그램에서 다루었다. 그리고 박 서장 본인도 자신의 이야기를 담은 저서 「감옥에 여울지는 소쩍새 소리」에서 사건과 관련한 그 동안의 소회를 담고 있다.

## 납치범과 경찰을 나란히 법정에 세운
## '마그누스 게프겐 사건'

마그누스 게프겐 사건은 독일의 사법부가 수사절차에서 수사관의 위법행위를 어떻게 대하는지 잘 보여주는 사례이다.

게프겐은 2002년 9월 27일 한 은행가의 아들인 11세 야콥 폰 메츨러를 납치하고는 곧바로 살해해 한 연못에 버렸다. 그런 다음 아직 생사를 알지 못하는 부모를 상대로 100만 유로(한화 약 13억 원)를 요구해 받아내고, 9월 30일 여행을 위해 출국하려다 프랑크푸르트 공항에서 경찰에 체포되었다. 게프겐은 경찰에서 어디에 소년을 숨겼는지(이때는 살해한 것이 확인되지 않음) 진술을 하지 않고 있었다. 시간이 지연될 경우 보통 어린 피랍자의 생명이 위태롭다는 것을 알고 있는 경찰은 마그누스에게 자백하지 않으면 '격투기 선수를 시켜서 경험해보지 못한 고통을 주겠다.'는 협박을 했다. 겁을 먹은 게프겐은 시신을 버린 장소를 정확히 진술했고, 경찰이 현장에 급파되었으나 이미 소년은 사망한 상태였다.

2003년 7월 게프겐은 살인죄로 종신형을 선고받았다. 그런데 재판과정에서 게프겐은 고문위협을 받았다고 주장했고, 검찰이 수사에 착수했다. 고문위협을 지시한 볼프강 다쉬너(당시 프랑크푸르트 경찰서 부서장)와 직접 신문을 담당했던 오트빈 수사관은 2004년 11월 '협박, 진술강요' 혐의로 프랑크푸르트 지방법정에 서게 됐다. 이들은 법정에서 유괴된 피해자의 생사를 알 수 없는 상황에서 어쩔 수 없는 조치였다고 주장하였다.

이 상황과 관련해 당시 독일 사회는 경찰관 처벌을 두고 치열한 찬반논쟁이 일었다. 그것은 ① '경찰관의 협박은 위급한 상황에서 어린 생명을 구하기 위한 정당한 행위였다.'는 주장, ② '어떤 경우에도 고문은 정당화될 수 없다.'는 주장이었다. 여론조사에서는 독일국민의 63%가 경찰의 행동을 지지했고, 32%만이 경찰을 처벌해야 한다고 응답했다. 이처럼 전문가와 국민 모두의 견해가 갈리고 있는 상황에서 독일 국내뿐 아니라 외국에서도 법원의 판결을 주목하고 있었다.

2004년 12월 20일 프랑크푸르트 지방법원은 기소된 두 경찰관에게 유죄를 선고하고, 각각 10,800 유로, 3,600 유로의 벌금형 및 집행유예를 선고하였다. 법원은 '독일 기본법 제1조에서 규정한 인간의 존엄은 절대적으로 보장되며, 이에 대한 예외가 인정되면 그 절대적 보장이 무너지게 된다.'며 인간은 어떠한 경우에도 수단화되어서는 안 된다는 점을 강조하였다. 결국 두 경찰의 행위는 납치범 게프겐의 인권을 명백히 침해한 행위라고 규정했다. 법원의 판결 이후 독일 언론 대부분은 고문금지는 나치의 만행을 겪은 독일의 헌법과 법률 정신의 중요한 요소라고 강조하며 법원의 판결을 지지했다. 형사법적 시각에서 이 판결은 이유 여하를 막론하고 수사과정에서 어떠한 인권침해나 위법행위도 허용되지 않음을 명확히 한 판결이라고 할 것이다.

마그누스 게프겐

# 16

# "네가 안고 가라" — 171건의 누명

## 16-1 CCTV와 유전자의 덫

2009년 9월 19일 경기 분당경찰서는 길성구 씨(가명, 32세)를 분당구 서현역 근처에서 절도혐의로 체포했다. 그는 경찰에서 "강도사건 현장 CCTV에 찍힌 범인이 너와 비슷해. 시인하면 집행유예나 징역 6개월만 살고 나올 수 있어."라는 기망과 회유성 말을 들었다. 현장 CCTV에는 길성구 씨가 찍힌 적이 없었고, 경찰이 집행유예나 징역 6개월을 살게 해줄 수도 없었다. 길 씨는 대학을 나왔지만 중·고교시절 행동·정서장애를 겪었고 '도벽'으로 보호처분을 받은 적이 있었다.

그는 그런 장애와 전력으로 '강도용의자보다는 절도범이 낫다'고 여겨 자신이 실제 했던 절도 1건을 시인했다. 그러자 상황이 급변했다. 경찰은 길 씨에게 "성남지역에서 발생한 절도 미제사건도 네가 다 안고 가라."고 했다. 길 씨가 범행을 부인하자 "너를 꽁꽁 묶은 채 아버지(가 근무하는) 학교와 (네가) 다니던 직업학교로 끌고 가서 망신을 주겠다."며 협박했다. 결국 겁에 질린 길 씨는 125건의 절도 미제사건에 대해 자백하였다. 그런데 경찰의 추궁은 거기서 끝나지 않고 "인천의 절도사건에서 네 유전자가 나왔다."며 또다시 자백을 요구했다. 이미 자포자기 상태였던 길 씨는 인천지역 미제사건 51건에 대해서도 자백하였다. 경찰은 길 씨의 자백을 토대로 총 176건의 절도혐의로 길 씨를 구속하여 검찰에 송치하였다.

검찰에서는 176건의 절도 사건들에 대한 실질적인 검토 없이 길 씨의 자백과 경찰의 수사서류를 토대로 기소하였고, 1심 재판부는 모든 혐의를 인정하여 길 씨에게 징역 2년을 선고하였다. 그런데 항소심에서 반전이 일어났다. 항소심을 준비 중이던 검찰은 사건기록을 검토하던 중 성남과 인천에서 같은 날 같은 시간대에 10분 차이로 범행을 저지른 것이 발견되었다. '홍길동'이 아니고서야 현실적으로 불가능한 범행이었다. 불가능하거나 앞뒤가 맞지 않는 사례들을 발견한 검찰은 이상하게 여겨 추궁한 결과 길 씨에게서 허위자백이었다는 진술을 받아내고 사실확인에 들어갔다.

검찰은 길 씨가 다닌 직업학교의 출석기록과 주변 PC방 컴퓨터 접속기록 등을 확인하여 176건 중 171건이 길 씨와 무관함을 확인하였다. 결국 검찰은 공소장 변경을 통해 171건을 공소사실에서 제외했고, 항소심 재판부는 5건에 대해서만 유죄를 인정해 징역 1년 6월에 집행유예 2년을 선고했다.

이 사건의 허위자백 이유를 분석해보면, 행동·정서장애가 있는 피의자에게 '범행현장의 CCTV에 찍혔다'(기망), '범행현장에서 너의 DNA가 나왔다'(기망)고 하거나, '시인하면 집행유예나 징역 6개월 살고 나올 수 있다'(최소화 기법), 범행을 부인하면 '너를 꽁꽁 묶은 채 아버지 학교와 다니던 직업학교로 끌고 가서 망신을 주겠다.'며 협박을 하기도 하였다. 특히, 나오지 않은 증거를 나온 것처럼 기망하는 것은 미국에서 '허위증거 계략(false evidence ploy)'으로 지칭되는데, 관련 연구에 따르면 허위증거 계략은 허위자백의 위험성을 현실적으로 높이는 것으로 나타나 이에 대해 수사관이나 재판관 모두 교육이 필요하다고 한다. 물론 수사기관의 잘못된 위법적 신문기법 외에 피의자 본인이 몇 건의 절도범행을 실제 했던 것도 자백을 하는 요인으로 작용했다고 할 수 있다. 그러나 5건의 범행 외에 171건이나 되는 절도사건을 허위자백했다는 점은 잘못된 신문기법이나 수사관의 책략의 위험성을 실증해주는 것이라고 할 수 있다.

한편 이 사건에서도 허위자백의 확산효과(Multiplying Effect)가 발생하고 있다. 앞서 수원노숙소녀 사건이나 뉴욕 센트럴파크 사건에서는 허위자백이 한 사람에게서 다른 사람들에게로 퍼져나가는 인적 확산의 형태를 띠었다. 반면 이 사건에서는 한 사람의 허위자백 1건이 다른 사건으로 퍼져나가는 양적 확산효과가 발생하고 있음을 알 수 있다. 수사기관의 잘못된 예단과 그 예단에 기초한 허위증거 계략이 엄청난 허위자백의 확산으로 나타난 것이다.

## 16-2. '아는 형'이 뒤집어쓴 44건의 누명

2009년 4월경부터 1년여에 걸쳐 경기도 광명시 일대에서 비슷한 수법의 절도사건 44건이 발생하였다. 경찰은 수사과정에서 CCTV에 찍힌 사진을 토대로 탐문을 하는 과정에서 문두현(가명)을 참고인으로 조사하였다. 문두현은 CCTV 속 인물로 김석태(가명, 18세)와 양태하(가명, 20세)를 지목하였고, 이들은 체포되었다. 체포된 용의자들은 범행을 자백했고, 구속·기소되었다. 그러나 1심과 2심에서 모두 무죄판결을 받았고, 검사가 상고해 대법원에서 재판이 진행되었으나 역시 2011년 4월 28일에 무죄를 최종 확정했다.

경찰과 검찰의 조사에서 자백을 했던 피의자들은 법정에서 범행을 부인했다. 그리고 법원은 44건의 절도범행과 관련해 통신사실조회를 실시하였는데 이를 통해 25건의 범죄와 관련해서 두 명의 피고인들은 범죄발생 당시 그 현장에 있지 않았음이 밝혀졌다. 검찰이 이 부분에 대하여 공소장 변경을 통해 공소를 취소하였다. 그리고 그 외의 범죄 19건에 대해서도 피해품들이 압수되지 않았고, 판로도 불명확할 뿐만 아니라 범행 현장에서 발견된 지문과 족적도 이들과는 무관한 것으로 확인되었다. 결국 재판부는 입증할 증거 부족으로 무죄를 선고하였다. 판결문에 의하면 재판과정에서 이들이 용의자로 지목된 경위와 경찰과 검찰의 수사에서 자백을 한 경위는 다음과 같다.

문두현이 피고인 김석태가 범인과 닮았다고 하여 피고인 김석태를 범인으로 지목하였다고 진술하였으나, 문두현은 원심법정에 출석하여 "경찰관이 동네 아는 형을 부르라고 하여 피고인들을 부른 것이고,

CCTV를 보고 피고인 김석태를 지목한 것이 아니다."라는 취지의 진술을 한 점… 피고인 김석태는 범죄전력이 없는 18세의 미성년자이고, 피고인 양태하는 지적장애 2급인 점, 피고인들은 이미 경찰에서 강압 및 회유에 의하여 범행을 자백하였고 이를 번복해도 소용없을 것이라 생각하였기 때문에 검찰에서도 범행을 자백하였다고 진술하는 점 등을 종합하면, 피고인들의 검찰에서의 자백을 그대로 믿기 어렵다.(이하 생략, 수원지방법원 2010. 10. 14. 선고 2010노2234 판결)

실제 발단이 되었던 CCTV에 찍힌 용의자 지목에 대해 문두현은 언론과의 인터뷰에서도 "CCTV사진은 희미해서 명확히 알 수 없었음에도 경찰관이 계속 보내주지 않으면서 '아는 형 이름을 부르라'고 하여 두 사람의 이름을 말하게 되었다."고 하였다. 또 김석태와 양태하는 허위 자백을 하게 된 이유에 대하여 "경찰의 현장검증 때 안했다고 하니까 뺨을 때렸고 또 맞는 것이 두려워 허위자백을 했다."고 했고, 또 한 명은 "빨리 나가고 싶고, 맞는 것도 겁나고 싫은 데다 조사에 지쳐서 저도 모르게 허위자백을 했다."고 하였다. 그리고 검찰에서도 자백을 하게 된 것은 "우리의 말보다 경찰을 믿을 것이라 생각해서 그냥 자백을 했다."고 하고 있다.

이 사례는 허위자백과 관련하여 2가지 중요한 사실들을 일깨워준다.

첫째, 2009년에 이르러서도 수사과정에서 여전히 피의자의 뺨을 때리고, 폭행이나 협박을 하는 것이 남아 있음을 확인할 수 있다. 이런 강압적 수사환경에서 피의자들은 생각보다 쉽게 허위자백을 하고 있다.

둘째, 피의자 중 한 사람은 미성년자였고, 또 한 사람은 성인이었지만 지적 장애를 가진 사람이다. 이들이 보통의 건강한 성인보다 허위자백에 취약함을 드러내는 사례이다. 이미 연구를 통해 허위자백을 하는 사람들 중 미성년자의 비중이 30% 정도에 이른다는 것이 국내외 연구를 통해 확인되고 있다. 또한 지적 장애를 가진 사람들도 미성년자와 더불어 허위자백에 큰 취약성을 갖고 있다는 것이 연구의 결과이다. 이들 모두 생각보다 쉽게 허위자백을 하였고, 검찰에서는 경찰과 같은 폭행이나 협박이 없었음에도 경찰의 말을 더 믿을 거라고 생각해 자백을 유지하고 있었다.

이들을 구해준 것은 결국 수사의 적정성을 검토한 검사가 아니고 법정에서 이루어진 통화내역 등의 객관적 증거였다.

17

# 검찰이 덮어버린 진범의 자백 —
## '약촌오거리 살인사건'

### 사건의 발생과 수사

2000년 8월 10일 새벽 전북 익산시 약촌오거리 주변의 도로에 택시 한 대가 세워져 있었고, 기사는 칼에 수회 찔린 채 경찰에 신고되었다. 택시기사가 사건 발생 전 다급하게 택시에 설치된 무전기에 외친 말은 "약촌오거리…강도…."였다. 기사는 인근 병원에 옮겨졌으나 병원에서 치료 중 과다출혈, 다발성 쇼크 등으로 사망하였다. 경찰은 살인사건으로 판단하여 수사를 개시하였다.

사건발생 당일 약촌오거리 주변에는 현장수사와 주변탐문을 하는 경찰관들이 쫙 깔려 있었다. 최성필(가명, 당시 15세)은 다방의 커피 배달 여성을 태워주는 일을 하고 있었는데 그날도 커피 배달 여성을 태워주고 다방으로 돌아가던 길이었다. 그런데 약촌오거리 주변에 택시 한 대가 정차되어 있고, 경찰관들이 많이 보여 이상하게 생각되었다. 최성필은 오토바이를 타고가다 수사 중인 경찰관에게 다가가 "뭐하시는 거에요? 무슨 일 났어요?" 하고 물었다. 경찰관은 "택시기사가 칼에 찔렸는데, 혹시 이 주변에서 수상한 사람 본 적 있어?" 하고 물었다. 최성필은 "어…아까 이 근처에서 남자 두 명이 뛰어가는 걸 봤는데요."

경찰은 최성필을 참고인으로 조사하였는데 목격한 두 사람에 대해 키가 모두 약 170센티미터였고, 한 명은 흰색 운동화 다른 한 명은 샌들을 신었다고 했다. 흰색 운동화를 신은 남자의 머리는 노란색으로 물들인 상태였다고 진술했다. 곧 최성필은 전북지방경찰청으로 가 범인의 몽타주를 작성하게 되었고 뒷모습만 기억나는데 자꾸 얼굴을 기억해보라고 했다. 이상하게 자기 선배 얼굴이 탄생했다. 새벽에 발생한 살인사건을 하루 종일 수사한 경찰은 수사회의에서 별다른 단서를 찾지 못했고, 거의 유일하게 '범인'으로 추정되는 사람을 목격한 것은 최성필 한 명뿐이라고 보고 다음 날 그를 다시 조사하기로 하였다. 그런데 다음 날 최성필이 일하던 다방에 전화를 하니 '멀리 천안으로 올라갔다.'는 것이다. 경찰은 이때부터 최성필에 대한 의심을 갖게 되었는데 다방을 통해 익산으로 다시 내려와 줄 것을 요구했더니 이번에는 최성필이 서울로 갔다. 경찰의 최성필에 대한 의심은 이제 확신이 되었다. 경찰은 소년 최성필을 잘 설득해 익산으로 오게 했다. 8월 13일 사건 발생 3일 만에 경찰은 최성필을 연행했고 범행 일체를 자백받았다. 자필로 진술서도 한 장 썼다. 그의 자백 내용을 보면 다음과 같다.

> 피고인은 2000. 8. 10. 02:07경 … 무등록 50cc 오토바이를 운전하고 나와 … 약촌오거리 방면으로 직진하는 차량들을 살피지 아니한

채 진행하던 중, 전북 000호 택시를 운전하고 약촌오거리 방면으로 직진하던 피해자 유성준(가명, 42세)으로부터 운전을 좋게 하라며 욕설을 듣게 되자, …피해자에게 다가가 왜 욕설을 하느냐고 대들면서 피해자의 멱살을 잡았는데, 피해자가 "너는 어미아비도 없느냐"는 등의 욕설을 계속하자, 순간적으로 격분하여 피해자를 살해하기로 마음먹고, 오토바이의 사물함에 보관 중인 흉기인 식칼 1자루(총 길이 약 35.5㎝, 칼날길이 23.5㎝ 정도)를 꺼내어 오른손에 들고 택시의 조수석 뒷문을 열고 택시 안에 들어가 왼손으로 피해자의 왼쪽 어깨를 잡고 피해자의 옆구리 및 가슴 부분을 수회 찔러 피해자로 하여금 …병원에서 치료 중 다발성자상에 의한 저혈량성 쇼크로 사망하게 하여 피해자를 살해하였다.

검찰은 최 씨를 살인죄로 기소했다. 최성필은 재판부에 희망을 걸고 그 동안 자백했던 것을 부인했다. 그러나 2001년 2월 2일 1심에서 징역 15년을 선고했다. 미성년자인 최성필에게 선고될 수 있는 최고의 중형이었다. 사실대로 범행을 부인한 것이 오히려 '뉘우침이 없는 악질'로 단정된 것이다. 충격을 받은 최성필은 2001년 5월 17일 항소심에서 다시 자백을 하고 감형 받아 10년형을 선고받았고, 상고를 포기함으로써 형이 확정되었다. 최성필은 교도소에 수감되었고 사건은 그렇게 해결된 듯이 잊혀져갔다.

### 진범의 등장과 자백

사건이 발생하고 3년이 흘렀다. 최성필이 교도소에서 형을 살고 있던 2003년 6월에 군산경찰서 황상만 형사반장의 귀에 '약촌오거리 택시기사 살인사건의 범인이 따로 있다.'는 첩보가 들어왔다. 진범이 범

행 후 친구집으로 도피했었는데 그 친구의 당시 상황에 대한 진술을 확
보했고, 진범인 김길성(가명, 사건 당시 19세)도 범행을 자백했다. 황상
만 반장은 김길성의 자백을 동영상으로 촬영하고 녹음도 했다. "너희,
괜히 영웅심으로 없는 말 지어낼 필요 없어. 알았지? 3년 전 일이잖아.
기억이 안 나면 그냥 기억에 없다고 말하면 돼. 억지로 끌어내지 마!",
"아니요, 다 기억나요. 택시 기사가 운동을 했는지 몸이 좋았거든요. 제
가 무서워서 정신없이 찔렀어요. 한 번은 오른쪽 목 밑 쇄골 부위를 찔
렀는데 칼끝에 뼈가 걸리는 느낌이 들었어요." 끝이 휜 칼의 비밀은 이
렇게 풀렸다. 진범의 자백에서 발견되는 '비밀의 폭로' 바로 그것이었
다. 진범과 그 친구의 진술을 토대로 재구성한 범행의 내용은 다음과
같았다.

새벽 1시경 익산시 00은행 앞에서 김길성(가명, 19세)이 택시를 잡
았다. "약촌오거리요!" 김길성은 뒷좌석에 올랐고 택시는 달려 목적
지인 약촌오거리 쪽에서 멈췄다. 남자는 가방에서 식칼을 꺼내 기사
의 목에 갖다 댔다.

"돈 내놔!"

"뭐야?!"

택시기사 유성준(가명, 당시 42세)은 몸이 탄탄하고 다부져 쉽게
제압될 수 있는 사람이 아니었고, 목소리도 위축되지 않고 당당했다.
남자는 반격당할까 두려움에 칼로 택시기사를 거세게 공격했다. 닥치
는 대로 찌르자 택시기사는 차에 설치된 무전기를 잡고 외쳤다.

"약촌오거리 …강도…"

택시기사는 운전석 문을 열고 탈출을 시도했다. 김길성은 어깨를
잡아 안으로 끌어당겨 다시 세차게 칼을 찔렀다. 쇄골쪽에 칼을 찔렀

을 때는 딱딱한 무언가에 걸린 느낌이 들었고 칼이 잘 들어가지 않았다. 기사가 죽은듯 반응이 없자 김길성은 칼을 들고 차에서 내려 도망쳤다. 공중전화로 근처에 사는 친구 임영오(가명)에게 전화를 걸었다.

임영오의 집으로 들어가 불을 켜자 김길성의 상의는 피로 범벅이었고, 얼굴은 땀에 젖어 있었다. "야 무슨 일이야?" 그는 방금 전 택시 기사를 칼로 찔렀다는 고백을 했다. 임영오는 자기 옷을 주어 갈아입히고 당분간 자신의 집에 머물도록 했다. 김길성은 옷을 벗어 가방에 넣었는데 그때 가방 안에 작은 종이상자가 보였다. 택시기사를 찌른 칼이라고 했다. 칼을 꺼내 보았다. 집에서 쓰는 식칼에 피가 묻었고 군데군데 돼지비계 같은 하얀 지방분도 보였다. 칼끝은 조금 휘어있었다.

황상만 반장은 이러한 목격자 진술과 피의자의 자백을 받아 검사에게 두 사람에 대한 구속영장 청구를 신청했다. 그러나 검사는 구속영장을 청구하지 않았다. 진범 김길성과 그 친구 임영오는 석방되었다. 황반장은 이들을 다시 불러 재조사했고, 다시 자백을 받았다. 둘의 자백은 일치했고, 수사를 통해 확인된 당시 범행상황과도 일치했다. 황반장은 다시 구속영장을 신청했다. 그러나 검찰은 자신들의 과오를 들추어내고 싶지 않았는지 이번에도 역시 구속영장을 청구하지 않았다. 진범 김길성과 임영오는 이번에도 석방되었고, 부모와 상의하고 변호사를 선임한 후부터는 범행을 부인하기 시작했다. 1년여에 걸쳐 사비 1,000만 원까지 써가며 수사를 계속 했지만 구속영장도, 증거물인 칼을 찾기 위한 압수수색영장도 청구되지 않았다. 오히려 황반장은 수사를 할 수 없는 지구대로 좌천되었다. 그러나 그들의 자백이 담긴 황상만 반장의 수사기록은 누가 봐도 결코 그냥 넘겨서는 안 되는 신빙성 있는 것이었다.

그리고 그 수사를 재개하는 것이 당시 10년형을 받고 3년 복역 중인 최
성필을 구해낼 수 있는 유일한 길이었다. 그러나 검찰은 김길성과 임영
오 둘을 불러 범행을 부인하는 진술을 그대로 받아 조서를 작성하고 사
건을 종결했다.

### 최성필은 왜 허위자백을 했나?

이제 최성필이 왜 사람을 죽였다는 허위자백을 했는지 살펴볼 필요
가 있다. 최성필은 사건발생일에 경찰의 수사를 받았고, 다음 날 일자리
를 구하러 천안으로 갔다가 다시 서울로 가서 경찰의 연락을 받고 익산
으로 내려왔다. 이 경우 진범이라면 스스로 익산에 내려왔을까? 경찰의
잘못된 확신은 여기서 멈췄어야 했다. 그런데 사건 발생 사흘 뒤인
2000년 8월 13일 새벽 2시께 익산역에 내리자 경찰은 그를 경찰서가 아
닌 한 모텔로 데려갔다. 당시 15세였던 최성필은 속옷만 입은 채로 무
자비한 폭행을 당하기 시작했다.

> "택시기사 네가 죽였지?"
> "아닙니다. 저는 사람을 죽이지 않았습니다."
> 갑자기 최성필의 뺨을 때렸다. 형사들은 같은 질문을 반복했고, 아
> 니라고 할 때마다 뺨과 뒤통수를 계속 때렸다. 그렇게 부인하고 맞는
> 일이 밤새 계속되었다. '맞아서 죽을 수도 있겠다.'는 생각이 들 무렵
> 최성필은 형사가 불러주는 대로 자필 진술서를 한 장 썼다. 그렇게 고
> 통이 끝나는 줄 알았는데 이제는 경찰서로 자리를 옮겼다. 피의자 신
> 문 조서를 작성하며 하지도 않은 범죄를 경찰의 입맛에 맞게 진술해
> 야 했다. 경찰이 원하는 답이 나오지 않으면 고문에 가까운 폭행이 계
> 속되었다.

"뺨과 뒤통수를 맞는 건 기본이고요. 경찰봉으로 발바닥을 자주 맞았어요. 대걸레 자루 있죠? 그걸로 허벅지와 등을 많이 맞았어요. 엎드려뻗쳐 자세로 기합을 받았고, 시멘트 바닥에 머리를 박은 채로 시간을 보내기도 했어요. 형사계 사무실 안쪽에 작은 방이 하나 있거든요. 내가 범행을 부인하면 형사가 그곳으로 끌고 가는 거예요. 거기서 또 맞고….

이처럼 끊임없는 폭행과 구타에 최성필은 굴복할 수밖에 없었다. 허위자백을 했고, 이것은 특별한 물증도 없는 사건에서 유력한 증거였다. 앞서 논했듯이 1심 재판에서 큰 기대를 걸고 부인을 하자 오히려 '반성하지 않는 악질'로 간주되어 징역 15년이 선고되었다. 미성년자에게 15년의 형량 선고는 당시 <소년법> 제59조에 따르면 '18세 미만인 소년에 대하여 사형 또는 무기형을 처할 것인 때에는 15년의 유기징역으로 한다.'고 되어 있어 최고형에 해당하는 것이다. 2심에서도 국선변호인은 최성필의 말을 믿지 않고, 자백을 해야 형기를 줄일 수 있다는 말만 해 그대로 자백을 하고 10년형을 선고받았다. 최성필은 무력감에 빠져 상고를 포기하고 형은 확정되었다.

결국 10년의 형기를 채우고 출소한 최성필에게는 또 하나의 가혹한 시련이 기다리고 있었다. 근로복지공단에서 사망한 피해자에게 지급한 보상금에 대한 구상권을 최성필을 상대로 청구한 것이었다. 2000년에 4천만 원 정도를 지급하였는데 살인으로 인한 보상금 지급이므로 행위자인 최성필에게 다시 청구한다는 것이었다. 청구금액은 원금과 13년 이자를 합쳐 1억 4천만 원이라는 거금이 되어 있었다. 막노동을 해서 생계를 이어가고 있던 최성필에게는 감내할 수준이 아니었다.

결국 이런 딱한 사연은 방송사 이대욱 기자를 통해 박준영 변호사에게 전해졌고, 박 변호사가 최성필에게는 구세주가 되었다. 다시 기록을 확보하고 준비하는 시간이 소요되고 2013년 4월 재심청구서가 광주고등법원에 접수되었다. 그러는 동안에 견디기 힘들었던 최성필은 차 안에서 자살을 시도하기도 하였다. 2015년 6월 22일에서야 광주고등법원은 재심청구를 '이유 있다.'고 받아들였다. 그러나 같은 해 8월 9일에 공소시효가 만료되는 사건에 검찰은 항고를 했고, 최종 결정은 대법원에 남겨졌다. 재심청구를 인용할 것인지의 여부가 공소시효 만료 전에 대법원에 의해 결정되어야 했다. 그런데 다행히도 공소시효 만료를 열흘 앞두고 살인죄의 공소시효를 폐지하는 <형사소송법> 개정안이 발효됐다. 그리고 2016년 11월 17일 광주고등법원은 마침내 최성필에게 '수사와 재판과정에서 최 씨의 자백이 허위일 가능성이 높다.'며 무죄를 선고했다. 무죄가 확정된 후 2016년 12월 6일 전주지검 군산지청은 진범 김길성을 구속했다. 진범 김길성에 대하여 2018년 3월 27일 대법원은 살인죄를 인정, 징역 15년을 확정했다.

이 사건은 피해자 최성필이 수사과정에서 가혹행위를 당하고 허위자백을 한 후 10년이란 젊은 날의 긴 세월을 교도소에 수감되어 고통 속에 서 보낸 사건이다. 그뿐 아니라 억울하게 죽어간 택시 기사 유성준이 안타까운 죽음을 맞았으며, 진범 김길성을 숨겨주었던 친구 임영오도 범죄자인 친구를 숨겨주었던 죄책감 등에 시달리다 2012년 자택에서 스스

영화 '재심' 포스터

로 목숨을 끊었다. 그리고 재심이 진행되던 2016년에는 이 사건 수사팀의 막내였던 박 모 경위가 죄책감에 스스로 목숨을 끊었다. 그는 죽기 전에 경찰이 최성필을 경찰서가 아닌 모텔로 데려갔음을 인정했었다. 이 사건은 후에 영화 '재심'을 제작하는 계기가 된다.

# 18

# 뒤바뀐 삼인조 ― '삼례 강도치사 사건'

1999년 2월 6일 새벽 전라북도 완주군 삼례읍의 나라슈퍼에서 강도 사건이 발생했다. 3명의 강도가 침입했을 당시 가족 4명은 잠들어 있었다. 남편 박 씨와 아내 최 씨, 어린 5살 아들은 안방에서, 박 씨의 고모 유 할머니는 건넌방에서 자고 있었다. 강도들은 박 씨와 최 씨의 입을 테이프로 묶은 뒤 흉기로 위협해 금품을 훔쳐 달아났다. 강도들이 떠나고 건넌방에서 따로 자고 있던 유 할머니가 걱정된 박 씨 부부는 고모 유 할머니가 주무시던 방에 가보고 아연실색했다. 할머니는 질식해 숨져 있었다. 사라진 물품은 반지, 목걸이, 팔찌 등 결혼 패물과 현금 45만 원이었다. 범죄현장에는 지문 등 범인을 특정할 수 있는 결정적인 증거는 남아있지 않았다. 단지 어둠 속에서 가족들이 기억하는 것은 범인들이 20대로 보이며, 경상도 사투리를 쓴다는 것이었다.

경찰은 수사를 개시한 지 9일 만에 인근에 살고 있던 19~20살의 청년 3명을 검거했다. 불심검문을 하다 임명선(당시 20세)을 검거해 자백을 받고, 이어 최대열(당시 20세), 강인구(당시 19세)를 공범으로 붙잡아 역시 자백을 받았다. 사건 발생 10일 만에 경찰은 3명을 강도치사 혐의로 구속했다. 그리고 이들은 검찰에 의해 기소되었다. 이들에 대한 1심 판결이 나기 전 1999년 4월 완주경찰서에 이 사건의 진범이 따로 있다는 제보전화가 왔다.

"나라슈퍼 할머니를 죽인 진짜 범인들을 알고 있습니다."

"익산에 사는 조인만(가명), 부산에 사는 이배숙(가명), 배경훈(가명)이 나라슈퍼에서 강도짓을 하다가 할머니를 죽였습니다. 그때 빼앗은 목걸이, 반지 등을 팔 때 제가 조인만과 함께 갔기에 금은방이 어디인지도 압니다."

제보는 모두 사실이었지만 완주경찰서의 형사들은 잘못된 수사가 드러날까 두려웠는지 수사기록에만 남기고 내사종결(범죄혐의가 없는 경우 자체종결하는 방식) 처리해버렸다. 진범에 대한 제보는 형사들에 의해 묻혀버린 것이다.

이미 기소된 가짜 범인 3인조에 대해서는 1999년 4월 29일 전주지법의 제1심 판결에서 유죄판결이 났다. 임명선은 징역 6년, 소년범인 강인구와 최대열은 장기 4년, 단기 3년의 징역이 선고되었다. 그리고 그해 10월 22일 대법원은 이들의 유죄를 확정했다. 사건은 이것으로 종결된 것으로 보였다.

그런데 다음해인 2000년 1월 27일 부산지검은 '삼례 나라슈퍼에서 유 할머니를 사망하게 한 진범이 따로 있다.'는 제보를 입수해 수사를 시작했고, 부산지역의 조인만, 배경훈, 이배숙 3명을 체포해 자백을 받았다. 그리고 자백내용에서 강취한 보석을 처분했다는 금은방 주인과 매입장부까지 확인했고, 사건을 전주지검으로 이송하였다. 이들의 자백은 다음과 같았다.

> 여관에서 히로뽕을 투약한 뒤 돈을 구하려고 강도짓을 하기로 했습니다. 나라슈퍼에 가기 전에 다른 집 몇 곳을 털려고 했으나, 실패했습니다. 나라슈퍼 대문은 열려 있었습니다. 집에 있던 할머니가 소리를 질러 청테이프로 입과 다리를 결박했습니다. 잠시 뒤 할머니가 숨을 쉬지 않아 훔친 돈 15만 원과 반지, 목걸이 등 패물을 들고 도망갔습니다.

이들의 자백은 피해자를 통해 확인한 '열려진 대문', '경상도 말투', 심지어 '사라진 돈의 액수'까지 모든 게 사실과 일치했다. 수사 초기에 피해자는 잘못 알고 45만 원을 가져갔다고 했지만 나중에 알고 보니 30만 원이 있어서 실제로는 15만 원을 가져간 것인데 이들은 정확히 그 금액을 이야기한 것이다. 그리고 사망한 할머니의 입이 물에 젖은 것은 살려보려고 물을 부었다는 것으로 수사 중에 생겼던 의문이 해소되는 정확한 진술이었다. 그야말로 진범의 자백 그것이었다.

반면, 앞서 유죄가 확정된 임명선, 강인구, 최대열의 자백은 열린 대문을 두고 담을 넘어 들어갔고, 돈의 액수도 피해자가 잘못 얘기한 45만 원을 가져갔다고 되어 있었다. 또 사망한 유 할머니의 입에 물이 흥건한 이유에 대한 것은 설명하지 못하고 있었다.

그렇다면 가짜 3인조 임명선, 강인구, 최대열은 왜 자백을 했던 것인가?

지적 장애가 있는 강인구는 아버지와 단둘이 살고 있는 월세방에 경찰들이 와 다짜고짜 수갑부터 채워 연행했다고 한다. 경찰서에 도착하자마자 "그 할머니 네가 죽였지?" 하더니 어리둥절해 하는 강인구의 뺨을 때리고 아니라고 하니 이번엔 발로 차서 넘어뜨렸다. 아니라고 할 때마다 폭행이 가해졌다. 그러더니 한글을 못 쓰는 그에게 백지를 주고 자술서를 쓰라고 했다. 글을 못 쓰고 있으니 뒤통수를 여러 번 맞았고, 결국은 형사가 써온 글을 보고 그리는 상황이 되었다. 글을 못 쓰는 사람이 자술서를 썼고, 범인도 3명이어야 하는데 4명으로 기재했다.

임명선은 중학교 중퇴의 학력을 가졌고 아버지는 알콜중독자로 폭행을 일삼았다. 형사들이 임명선의 집에 찾아왔을 때 그는 겁이 나 도망쳤다. 그저 형사가 겁이 나 도망친 것이지 강도죄를 지어서가 아니었다. 형사들의 의심은 확신으로 바뀌었고, 다음 날 새벽 우석대학교 화장실에서 체포되었다. 형사들이 쌍욕을 하고 하도 때려서 유치장에 있을 때는 자살할 궁리만 했다고 한다. 범행을 부인했지만 그때마다 주먹과 발길질만 반복되었고, 결국은 자신이 범죄 우두머리가 되어 있었다고 한다. 그의 자백내용은 범인이 2명이고, 사망한 할머니에게 밧줄을 감았다고 했지만 할머니는 밧줄에 감겨있지 않았다.

최대열은 중졸 학력에 지적장애가 있다. 그는 집에서 잠을 자다 형사들에게 잡혀갔다. 범행을 뚝심 있게 꽤 오랫동안 부인했지만 경찰봉으로 발바닥을 맞고, 뺨과 뒤통수를 며칠 동안 계속 맞는 데에는 장사가 없었다. 그의 자백에는 3인조가 아닌 4인조로 되어 있었다. 그는 범죄 시점에 전주 누나네 집에서 잤기 때문에 알리바이가 성립했고 이를 입증해 줄 사람들도 있었다. 그러나 대법원까지 가는 동안 그의 말에 귀 기울여주는 사람은 없었다.

이들이 수사과정에서 폭행을 당했다는 사실은 피해자 가족에 의해 녹화된 경찰의 현장검증 녹화영상에서도 일부 나타난다. 현장검증은 주로 강력범죄자들을 데리고 범죄현장에서 그들이 실제로 했던 범죄를 재현하여 범행을 명확히 하는 절차이다. 그런데 녹화된 영상에는 마치 드라마나 영화를 찍듯이 경찰이 하나하나 지시하고 있고, 잘 못하면 손으로 뒤통수를 때리는 장면이 녹화되어 있다. 이들은 하나같이 말도 못하고 주눅이 들어있는 모습이 역력하다.

아이러니하게도 이들의 말을 들어주고 이들의 억울함을 풀어주기 위해 노력한 사람들은 무고한 사람을 걸러내기 위해 '촘촘하게' 고안된 형사사법절차에 있는 경찰, 검사, 판사가 아니었다.

전주교도소에서 교화위원으로 10여 년째 일하고 있던 박영희(66세) 씨가 임명선을 만나 "죽은 할머니를 위해 기도하라."고 했더니, 임명선은 "할머니 얼굴을 봤어야 기도를 하죠. 그 동네 살았으니 현장을 지나칠 수는 있어도 한 번도 가보지 않았어요."라고 말했다. 이 말을 들은 박영희 씨는 피해자 가족을 만나 임명선을 면회하도록 해 범인의 목소리가 아님을 확인했고, 방송사에 이 억울한 3인조의 소식을 알렸으며, 진범이라 자백했다는 이배숙도 만났다.

그리고 피해자로 범행을 당할 당시 5살 아들을 꼭 부여안고 있었던 최성자 씨도 이들의 억울함을 돕기 위해 나섰고, 완주경찰서에서 가짜 3인조를 만나도록 해주었다면 단번에 '경상도 사투리'를 쓰는 진범이 아님을 알 수 있었을 거라 했다. 부산지검에 달려가 진범이라 자백한 사람의 목소리를 듣고 단번에 진범임을 알았다고 했다. 최성자 씨는 자신이 겪은 끔찍한 일로 남의 집 죄 없는 자식을 교도소에서 고생하게 하는 것이 견딜 수 없는 고통이었다고 하며 이들을 위해 법원에 탄원서를 제출해주기도 했다.

한편 부산지검이 2000년 1월에 사실상 진범을 잡아 전주지검에 넘겼는데도 전주지검은 3월 21일 무혐의 처분을 내리는 어이없는 행태를 보였다. 그해 6월 최대열이 전주지법에 이 사건에 대한 재심을 청구했지만 2년을 끈 재판은 2002년 2월에 대법원에서 기각되었다. 이 사건과 관련해 부실수사 논란이 있었고 재수사 요청도 많았지만 사건은 사람들의 기억 속에서 멀어지는 것 같았다.

그렇게 속절없는 시간이 흘러 2015년 3월 5일 이미 형기를 마치고 출소해 있던 '삼례 3인조'인 최대열, 임명선, 강인구는 박준영 변호사를 만나 다시 재심을 청구하였다. 그리고 박 변호사의 설득으로 진범 이배숙은 2016년 1월 29일 '삼례 3인조'를 만나 사죄하고, 그 다음날에는 사망한 유 할머니 묘소에 참배하고 사죄하였다. 그리고 2016년 10월 28일 전주지방법원은 재심판결에서 마침내 삼례 3인조 최대열, 강인구, 임명선에 대해 무죄를 선고했다. 17년만에 이들에게 씌워졌던 범죄자의 명예가 벗겨지는 순간이었다. 검찰이 항소하지 않음으로써 이들의 무죄가 확정되었다. 진범인 부산 3인조의 공소시효는 2009년 2월에 만료되었다. 이들은 이 죄로 처벌받지 않았다. 진범들 중 배경훈은 2015년에 자살했다. 조인만은 이 범행으로 처벌은 피했지만 비슷한 수법으로 범죄를 하고 형을 살기도 했다. 그리고 2018년 대검찰청은 이 사건의 진상을 조사했지만 검사의 책임은 없다고 결론을 내렸다.

# 19
## 삼남매의 허위자백 미스터리 —
## '보령 납치강간·살인 사건'

2007년 5월 30일 밤 9시경 충남 보령시 어느 시골마을에 사는 둘째 딸 지민(이하 가명, 14세)이는 포도밭에 일하러 나간 어머니가 돌아오지 않자 마중을 나섰다. 그런데 어머니가 돌아왔는데도 마중을 나간 지민이는 돌아오지 않았다. 가족들은 경찰에 지민의 실종을 신고하고 경찰이 수사에 착수하게 되었다.

지민이는 일주일이 넘어도 돌아오지 않았고, 경찰에서는 실종과 관련하여 지민의 가족들을 면담하는 과정에서 중요한 진술을 확보하게 된다. 즉 실종 9일 후인 2007년 6월 8일 경찰의 조사에서 지민의 여동생 혜정 양(10세)과 남동생 상민 군(8세)으로부터 "지민이 실종되던 날인 5월 30일 저녁 무렵 큰 언니 유정이 동생인 지민을 아빠 방으로 불렀는데 잠시 후 쿵하는 소리가 들려 가보니 지민이 넘어져 누운 채로 있었고 죽은 것 같았다. 30분 정도 후 엄마가 귀가했는데 유정 언니(누나)가 엄마에게 지민이가 죽었다는 이야기를 하였고, 엄마가 지민을 차에 싣고 유정과 함께 나가는 것을 보았다."는 진술을 듣게 된 것이다.

경찰은 이를 토대로 유정과 모친 유 모 씨를 피의자로 긴급체포하고, 지민의 실종에 대해 추궁하자 유정 양은 순순히 '자신이 동생 지민을 말다툼 끝에 밀쳐서 벽에 머리를 부딪쳐 의식을 잃었고 어머니가 자신을 위해 지민을 숨겼다.'는 자백을 하였다. 그러나 이어서 모친 유 모 씨를 신문했지만 범행을 극구 부인하였다. 이들에 대한 물증은 전혀 없었다. 두 명의 피의자 중 한 명은 자백하였으나 한 명은 부인하는 상황에서 경찰은 이들을 석방하고 수사를 계속하게 되었다.

그런데 실종되었던 지민 양이 실종 후 20여 일이 지난 6월 20일 멀쩡히 살아서 귀가하였다. 경찰조사 결과, 그동안 지민 양은 실종된 날 밤에 납치범 이수영(31세, 남)에게 납치되어 인근 이수영의 집 옷장에 감금되고 이때부터 풀려날 때까지 반복적으로 성추행과 성폭행을 당하게 된다. 범인 이수영은 6월 20일 오후 3시께 인근 이웃인 김 모 씨(51세, 남) 일가를 찾아가 평소 자신을 무시했다는 이유로 일가족 3명을 살해한 후 집으로 돌아와 감금했던 지민 양을 데리고 나와 풀어준 것이었다.

실종되었던 지민 양이 귀가하고, 납치범을 검거한 후 관심의 초점은 피해자 가족들의 허위진술이 왜 발생하였는지에 집중되었다. 초등학교에 다니는 셋째 딸 혜정과 막내 아들 상민이 왜 있지도 않은 허구의 진술을 했는지, 더구나 큰 딸 유정이는 왜 '자신이 동생을 밀어 넘어뜨려 죽게 했다.'는 허위자백을 했는지 의문투성이였다. 검찰은 경찰의 수사과정을 검토하였다. 수사과정에서 혹시 가혹행위나 강압적 수사가 있었는지 조사가 필요했다.

그런데 경찰은 초등학생인 혜정과 상민을 조사할 때 모두 부모들에게 연락해 동의를 얻었으며, 혜정은 여경을 입회시켜 조사했고 상민은 담임교사를 입회하여 조사를 진행하였다. 입회자였던 여경과 담임교사 모두 이들이 '자연스럽게' 진술을 하였다고 했다. 유정의 피의자 신문 절차에서도 별다른 특이점을 발견하지 못했다. 결국 검찰은 경찰의 수사과정에서 가혹행위나 강압수사는 전혀 없었던 것으로 결론지었다.

경찰수사에 문제가 없다는 전제 하에 검찰은 초등학생 혜정과 상민이 왜 허위진술을 하게 되었는지 후속조사를 진행하였다. 혜정과 상민은 '동생이(누나가) 경찰수사 받으며 먼저 그렇게 진술했다고 해서 자신도 그대로 진술했다.'고 하고 있다. 한편 자신이 범인이라고 허위자백을 했던 유정은 검찰의 조사에서 '자신은 엄마를 찾아보라고 저녁에 동생을 밖에 내보낸 죄책감에 괴로웠는데 경찰관들이 동생 혜정과 상민이 그렇게 진술했다고 해서 처음에는 아니라고 부인했지만, 경찰관들이 계속 동생들이 이미 그렇게 말했다고 하니까 부인하면 동생들에게 불이익이 갈까봐 인정을 했다. 그리고 설령 잘못되더라도 동생 지민이가 돌아오면 모든 일이 해결될 것으로 생각했다.'는 것이다. 검찰은 이러한 진술만으로 명확하게 허위진술, 허위자백의 원인을 단정하지는 못했다.

하지만 이들을 상대로 심리상담을 진행한 전문가의 감정보고서를 함께 검토한다면 허위자백과 허위진술의 원인에 대한 추론을 이끌어낼 수 있을 것이다. 감정보고서는 다음과 같은 내용을 적시하고 있다.

> 수사관들은 '가족에 의한 사체유기'라는 가설에 비중을 두고 혜정
> 과 상민을 초등학교 도서관, 운동장, 놀이터 등으로 따라 다니며 여러

가지 질문과 함께 언니 유정이 지민을 살해하고, 부모님이 이를 유기하였음을 암시하여 사실이 아닌 진술을 받아낸 것으로 추측된다. … (중략)…형사들은 이들의 피암시성을 이용하여 유도질문과 반복질문을 통해 그들이 생각한 가설과 부합하는 방향의 진술을 얻어냈다. 이들은 자신들이 무슨 말을 하는지도 모르고 이야기했을 것이고, 그 진술의 결과가 가족들에게 미치는 효과에 대해 알고 난 후 역시 자책감에 빠지게 되었을 것이다.

이러한 전문가의 판단은 심리학적 추론이 바탕이 된 것이기 때문에 사실이라고 단정할 수는 없다. 그러나 검찰이 조사를 통해 밝혀내지 못했던 이들의 허위진술의 심리적 배경을 이해하는데 큰 도움을 줄 수 있다. 어린 두 초등학생의 진술서를 작성할 당시에는 여경이나 담임교가가 입회했지만, 그 전에 학교에서 개별적으로 형사들이 이들을 만나고 면담하는 과정에는 아무도 입회할 수 없었다. 이 과정에서 위의 설명처럼 혜정의 범죄사실에 대한 암시가 활용되고, '누나가 혹은 동생이 이미 그런 말을 했다.'는 기망이 더해진다면 법적 지식이 거의 전무한 아동이자 미성년자인 이들이 권위를 가진 경찰관들의 회유에 동조할 위험성은 더욱 극대화된다고 할 수 있다.

큰 딸 유정이 '동생들을 보호하기 위해' 사람을 죽게 했다는 허위자백을 한 이유는 혜정과 상민이 '누나나 동생을 보호하기 위해' 허위진술을 하는 심리와 연결되며 궤를 같이 하고 있다고 할 수 있다. 법에 대한 지식이 전무한 이 어린 자녀들은 법적 처벌이나 불이익은 알지 못한 채 서로를 보호하는 데 전념한 것으로 보인다.

요컨대 이 사건은 수사과정에서 허위자백이 얼마나 쉽게, 아무렇지도 않게 이루어질 수 있는지를 잘 보여주는 사례라고 할 수 있다. 모든 수사과정을 검증할 수 없는 현실에서 수사과정에 활용되는 각종 수사기법과 신문기법, 부주의한 언어의 사용 등이 터무니없는 허위진술이나 허위자백으로 이어질 수 있음을 보여주는 사례이다. 경찰과 검찰 등 전문적인 수사관들도 그 원인을 잘 이해하지 못하는 허위자백 현상에 대한 철저한 연구와 지식의 확보를 통한 대책 마련이 절실함을 말해주는 것이다. 가족들에게는 반추하기도 힘든 이 끔찍한 사건은 흉악한 납치강간·살인범의 이야기 한 편에 허위자백이라는 또 다른 괴물이 가족을 괴롭히고 있었음을 보여준다.

## │ 허위자백을 촉진하는 '무죄현상'과 '암시성'

심리학적 관점에서 볼 때 형사절차에서 허위자백을 촉진하는 요인으로 작용하는 두 가지 중요 기제를 제시할 수 있는데 그것은 바로 '무죄현상'과 '암시성'이다. 이 요인들을 차례로 살펴보면 다음과 같다.

첫째, '무죄현상(Phenomenology of Innocence)'이란 죄를 짓지 않은 사람들이 자신의 무죄가 입증될 것이라는 믿음 때문에 진술거부권을 포기하고 기꺼이 자신에게 불리한 점까지도 진술을 하는 등 자기방어에 소홀하게 되는 현상을 일컫는 것이다. 형사절차에서 이러한 행동은 역설적으로 그들을 유죄의 위험에 빠뜨릴 수 있다는 것이 학계의 지적이다.

이를테면 그들이 진술거부권을 포기하였을 경우, 심리적으로 강압적인 신문과 자백을 유도하기 위해 고안된 신문기법 등에 의해 유죄의 위험에 빠질 수 있다. 더 나아가 강압적인 신문에 의해 허위자백을 하더라도 법정이나 형사사법시스템에서 자신의 무고함이 충분히 입증될 것으로 믿어 수사관의 추궁이나 압력에 순응하는 현상이 나타난다. 자백을 통해 형사처벌을 받는다는 사실에 대한 판단력과 현실감각이 떨어져 사실이 아닌 추궁에도 동조하는 현상을 보이기도 하는데 이러한 현상들이 모두 '무죄현상'의 범주에 포함된다. 이러한 현상은 '사회가 정의롭다는 믿음이 강한 사람'일수록 더 강하게 나타날 수 있다.

그러나 이러한 '무죄현상'은 현실에서 허위자백으로 이어질 경우 오히려 결백함 때문에 형사처벌을 받을 위험을 높이는 기제로 작용한다.

둘째, 암시성(suggestibility)이란 일반적으로 타인의 말과 태도와 상징을 무비판적으로 받아들임으로써 자신의 생각, 의견, 태도, 행동에 변화가 생기는 것을 말한다. 외부와 격리된 특수한 상황이라는 이유만으로 신문(訊問) 과정은 특별한 외부 압력 없이도 사람들을 원하는 방향으로 유도할 수 있는 암시적 성향을 지닌다.

연구결과에 따르면 수사관이 사전에 획득한 정보에 의한 가정이나 기대가 질문에서 다루어질 때와 반복질문이 사용될 때 암시가능성이 증가하는 것으로 보고되고 있다. 반면, 어느 대답이건 할 수 있는 개방형 질문은 상대적으로 암시성이 작은 것으로 보고되었다.

이러한 암시성이 작용할 위험은 성인보다는 미성년자가 높고, 특히 아동의 경우는 특별한 주의를 기울여야 한다. 또한 정상인보다는 지적 장애를 가진 사람들의 경우에 위험이 더 높아 주의를 요한다. 이러한 연구결과는 선진국에서 수사환경에 긍정적인 변화를 이끌어 내고 있다. 그러나 이 분야에 대한 연구가 실질적이고 광범위한 제도 변화로 이어지기 위해서는 보다 많은 심리학적 실험과 탐구가 요구되는 영역으로 남겨져 있다.

# 생사람 잡은 과학수사 — 안성 강도살인 사건

우리는 과학적 증거에 의해 범인을 특정했을 때 과학수사를 찬양하고 다른 수사방법보다 신뢰하게 된다. 그런데 오히려 과학수사가 죄 없는 사람을 얽어매는 도구가 된다면 어떨까? 여기서 소개할 사례는 과학수사 우수사례로 뽑혀 표창까지 받은 사건이 실은 엉뚱한 범인을 잡아 허위자백을 받아낸 것으로 밝혀진 황당한 이야기다.

2009년 5월 19일 새벽 경기도 안성시 대덕면의 어느 원룸 뒤편에서 전신을 구타당하고 쓰러져 있는 피해자(서 모 씨, 당시 37세)가 발견되어 병원으로 후송되었으나 2개월 정도 치료 중에 사망하였다. 구조 당시 피해자의 진술에 따르면 "동료들과 술을 마신 후 자신의 차량이 주차된 곳으로 걸어가던 중 갑자기 20~30대 가량의 남자 세 명이 나타나 금품을 요구하여 없다고 하자 무엇인가로 얼굴을 내리쳐 의식을 잃었고, 그후 자신을 양 옆에서 끌고 갔다."고 하였다. 그 외에 범인들에 대해서는 전혀 아는 바가 없었다.

경찰은 현장수사 중 담배꽁초 4개를 발견했다. 범행장소는 인적이 드문 곳이어서, 발견된 담배꽁초는 범인이 피우고 버린 것으로 보았다. 담배꽁초에서 DNA를 채취해 우범자 등을 상대로 동일성 검사를 실시하였다. 그러던 중 사건발생 6개월이 지난 2010년 1월 인근 고등학교에 재학 중이던 김철수(가명, 당시 17세) 군의 유전자가 동일한 것으로 확인되었다. 경찰은 김 군을 연행했고, 추궁해 자백을 받아냈다. 김 군은 친구들과 함께 유흥비 마련을 위해 범행을 했고, 함께 한 공범으로 같은 학교 박영호(가명, 17세), 이민우(가명, 17세)를 지목했다. 경찰은 수사에서 공범들의 자백까지 받아 3인 모두 구속하여 검찰에 송치하였다.

그런데 이들 3명은 검찰에 사건이 송치되자 범행을 부인하기 시작했다. 검찰의 수사결과, 범행장소는 인적이 드물어 인근학교 학생들이 자주 숨어서 담배를 피우는 장소임이 밝혀졌다. 그리고 범행 당일은 물론 범행 전후에 같은 학교에 다니는 3명의 공범이 전화통화를 했던 내역도 없었다. 자백조서를 작성하는 과정에서도 공범으로 지목된 박영호 군은 친구에게 억울하다는 문자를 보냈고, 이민우는 범행 추정 시간대에 인터넷에 접속하여 글을 게시한 것이 확인되었다. 검찰은 구속된 3명에 대해 거짓말탐지기 검사도 실시하였는데, 범행을 저지르지 않았다는 진술에서 모두 진실반응이 나왔다. 결국 검찰은 3명에 대한 구속을 취소하고, 모두 석방하였다.

김철수, 박영호, 이민우 3명은 석방 후 언론과의 인터뷰에서 이들이 허위자백을 하게 된 경위를 설명하였다. 처음에 검거된 김철수는 표현

력이나 인지능력에 장애가 있었는데 '경찰에서 강압적인 분위기가 무서워서 자백을 하였고, 공범 추궁에는 그냥 마지막에 함께 놀았던 친구들 이름을 불러주었을 뿐'이라고 했다. 그러나 의미 없이 불러준 친구 2명도 경찰에 잡혀와 결국 자백을 했다는 것이다. 박영호는 범행 장소에 가본 적도 없는데 자백을 했다고 한다. 모르는 범행내용을 어떻게 자백했냐는 기자의 질문에 형사가 대부분 이야기 해주고 "했지?" 하면 "예"라고 답하는 식이었다고 했다. 이민우는 범행을 매우 강하게 부인하였다. 그러나 수사관이 "너는 형무소에서 평생 썩을 거다. 그러니 사실대로 얘기하면 1~2년 살다 나올 수 있게 선처해줄 수 있다."는 등의 말로 계속 추궁하여 범행을 자백하게 되었다고 한다. 이들 3명 모두 공통적으로 자백을 할 때와 하지 않을 때 형량이 어떻다는 얘기를 가장 많이 들었다고 한다. 범행을 부인하는 이들의 진술은 계속 무시되었다.

수사과정에서의 문제점도 노출되었다. 피해자가 사망하지 않고 2개월이나 병원에 입원해 있었는데도 경찰은 피해자를 한 번도 찾아가지 않았다. 범행 발생 당시의 상세한 상황을 피해자의 진술로 확인하는 노력이 없었던 것이다. 피해자가 사망한 다음에야 본격적인 수사가 진행되었다고 한다. 또한 미성년자들을 조사하면서 보호자를 동석하도록 하지 않았다. 「인권보호를 위한 경찰관 직무규칙」제10조의 '사회적 약자 보호' 조항은 이들을 배려하고, 신뢰관계에 있는 자 또는 의사소통이 가능한 보조인의 참여를 보장해야 한다고 규정되어 있다. 그러나 경찰은 이들을 조사할 때 보호자를 동석시키지 않았고, 심지어 연행할 때에도 보호자에게 통보도 없이 연행했으며, 사실상 조사가 끝나고 통보하였다.

그 당시 DNA를 채취하여 이를 대조하는 어려운 과정의 과학수사를 진행하였지만, 결국 이 DNA는 오히려 억울한 범인을 옭아매는 악마의 오랏줄이 된 것이다.

# 2010년 충격의 양천경찰서 고문사건

2010년 6월 중순경 서울 양천경찰서에서 피의자들을 고문했다는 뉴스가 보도되었다. 2000년대 이후로 수사과정에서 고문은 사라진 과거의 유물로 생각되었기 때문에 경찰 내에서도 놀랄 수밖에 없는 소식이었다. 국가인권위원회에 양천경찰서에서 조사받은 피의자들이 비슷한 형태의 고문을 당했다는 진정이 접수되었고, 국가인권위원회는 2009년 8월부터 2010년 3월까지 양천경찰서 강력팀에서 조사받은 피의자들을 전수 조사했다. 조사결과 양천경찰서 소속 강력 5팀 경찰관 5명이 2009년 8월부터 2010년 3월까지 22명에 대하여 가혹행위를 한 것으로 조사되었다. 강력 5팀은 무려 26차례에 걸쳐 특수절도 등 각종 범죄혐의로 체포된 피의자들에게 범행을 부인하거나 공범 및 여죄를 불지 않는다는 등의 이유로 폭행하고 고문했다.

언론에 피해자들이 공개한 폭행과 고문의 내용은 매우 구체적이다.

2010년 3월 절도혐의로 체포돼 조사받은 한 피의자는 다음과 같이 밝히고 있다.

> "경찰이 '여기서 병신 돼 나간 놈이 한두 명이 아니다. 인정하면 살 것이고, 부인하면 죽는다.'고 협박했다. 무슨 말인지 모르겠다고 하니 바닥에 매트리스를 깔고 그 위에 눕힌 후 뒤로 수갑을 채운 팔을 위로 꺾었다. 너무 아파 소리를 지르자 수건으로 입을 막은 뒤 투명테이프로 돌돌 말아 감고 구타하면서 자백하려면 눈을 깜박거리라고 했다."

2010년 1월에 역시 절도혐의로 조사를 받은 한 피의자의 진술도 유사하다.

> "강력팀 사무실에 도착하자마자 팀장이 '도둑놈은 말이 필요없다. 이XX는 달아야 말을 듣는다. 준비해! 시작하자고, CCTV가 안 나오는 이쪽으로 하자!'고 말했다. 그리고는 '날개꺾기'고문(위에서 행한 것처럼 수갑을 뒤로 채워 팔을 위로 꺾어 올리는 고문)을 당했다. 자백 후에 현장검증을 나갔는데 하지도 않은 것을 자백한 탓에 범행 장소를 말하지 못하자 차량 안에서 내 머리를 다리 사이에 끼우고 다시 날개꺾기 고문을 했다."

이렇게 가혹행위를 당했던 피해자들은 코피가 나거나 팔꿈치 뼈가 골절된 경우도 있었다. 양천경찰서 강력 5팀 경찰관들은 장기간 이런 방식의 고문 등을 통해 허위자백을 받아냈다. 절도 피의자였던 강 모 씨와 이 모 씨 등 5명에게 가혹행위를 해 자백을 받아냈고, 이들이 저지르지 않은 관내 미제 절도사건 110건을 허위자백하도록 강요했다. 강 모 씨와 공범 등 3명에게는 27건의 미제사건을, 이 모 씨와 공범에게 83건의 미제사건을 허위자백하도록 강요한 것으로 드러났다. 강력팀 사무실에는 CCTV가 설치되어 있었지만 무용지물이었다. CCTV는 고장 나 있었고, 창문의 커튼을 치면 강력팀 사무실은 밀실로 변했다.

당시 채수창 서울 강북경찰서장은 '양천서 가혹행위는 실적경쟁에 매달리도록 분위기를 조장한 서울경찰청 지휘부의 책임이 크다.'며 조현오 서울경찰청장에게 사퇴를 요구하고 자신도 사직서를 제출했다. 실제 당시 수사·형사 업무평가 계획에는 범죄별 기본 점수를 부여하고 평가해 국민을 실적의 대상으로 보게 하는 문제와 평가점수가 낮은 성범죄 등에 대해서는 수사를 소홀히 하는 폐단도 발생했다는 지적을 받았다.

한편 해당 강력팀의 경찰관 5명은 모두 독직폭행 혐의로 구속되었고, 2011년 1월에 최고 징역 3년(자격정지 5년 병과), 최저 징역 8월(자격정지 2년 병과), 집행유예 2년을 선고받았다. 고문을 당했던 피해자들은 재심을 통해 무죄를 선고받았는데 피해자 중 한 명은 거기서 그치지 않고 국가를 상대로 손해배상을 청구해 2011년 2월 '국가가 피해자에게 2,000만 원을 배상하라.'는 판결을 받기도 하였다.

22

# 허위자백과 수사관의 비극

우리는 수많은 허위자백의 사례들 중에서 밝혀진 그저 한 부분에 불과한 사례들을 살펴보았다. 그런 허위자백들과 관련해 수사관들은 어떤 역할을 했을까? 안타깝지만 대부분의 사례들에서 수사관들이야말로 허위자백을 만들어낸 주역들이었다. 그들이 의도했건 의도하지 않았건 수사관이 없었다면 하지도 않은 범죄에 대한 억울한 피해자들의 허위자백은 생겨나지 않았을 것이다.

그렇다면 그들은 왜 허위자백을 만드는 주역이 되는 것인가? 무고한 피의자로 하여금 허위자백을 하도록 한 이후 그들은 잘 살고 있는 것인가? 이런 의문과 그 대답들은 허위자백의 예방대책을 세우는 데 한 축이 되어야 한다. 그들이 수사를 올바르게 한다면 그리고 자백보다는 증거 수집 위주의 수사를 지향한다면 허위자백을 그만큼 줄이고 억울한 사람들의 인생을 구원할 수 있을 것이다.

먼저 허위자백을 만들어내고 비극적인 결말을 맞이한 경우들을 살펴보자. 앞서 첫 사례로 소개한 '장 칼라스 사건'을 보면, 후에 살인이 아니고 아들의 자살이었음이 밝혀지고 사형당한 칼라스의 복권이 이루어진 시점에서 사건을 담당했던 판사는 죄책감에 자살을 하였다. 수사관이 아니고 판사였지만 사실 프랑스의 법제에서는 수사판사가 존재하고 당시에는 판사가 직접 수사를 하기도 하였기 때문에 수사관과 완전히 분리해서 생각할 수는 없다. 또한 중국에서 1996년 발생한 '후거지러투 사건'은 후거지러투가 사형된 후에 진상이 밝혀지고 책임자였던 경찰관 펑즈밍은 비위혐의로 체포되어 징역 18년을 선고받았다. 그 외 경찰관과 검찰 19명이 엄중 경고와 징계처분 등을 받았다.

우리나라에서 발생한 '고숙종 사건'의 담당수사관이었던 하영우 형사는 범행현장에서 예금증서를 훔친 것이 밝혀져 징역형을 선고받았고, 피의자를 고문했던 행위에 대해 관할서장과 수사과장은 해임, 형사과장과 계장은 파면되었다. '약촌오거리 사건'의 최초 수사에 참여했던 한 경찰관은 재심이 진행되고 사건이 언론의 주목을 받는 와중에 스스로 목숨을 끊었다. 그는 사건 수사 당시 28세로 수사팀의 막내였던 박모 경위로, 재심 법정에서 수사팀이 피의자를 경찰서로 데려가지 않고 여관(고문이 이루어졌던 장소)으로 데려갔던 진실의 한 조각을 밝혀주었다. 죄책감을 느끼던 그는 가족들에게 "괴롭다. 죽고 싶다. 먼저 가서 미안하다."는 내용의 문자를 남겼다. 2010년 발생한 '양천경찰서 고문사건'의 강력팀 형사들은 모두 독직폭행 혐의로 구속되어 징역형을 선고받고 경찰관 신분을 박탈당했다. 그 외에도 많은 수사관들이 무고한 사람들에게 허위자백을 하도록 하고 고발당해 자신이 수사의 대상이 되든지, 손해배상의 대상자가 되어 법정에 불려가기도 했다.

물론 파면, 해임 등 징계를 받았거나 자살 등 비극적인 최후를 맞았던 수사관들보다 더 많은 수사관들이 잘못에 대한 처벌이나 불이익 등을 받지 않고 별일 없이 지나갔다. 오히려 '익산 약촌오거리 살인사건'의 황상만 반장처럼 억울한 사람을 구제하기 위해 진실을 추구했던 수사관은 아예 수사를 하지 못하는 부서로 좌천되는 비상식적 조치가 내려져 절망감에 빠지기도 하였다.

그러나 수사관이 수사를 잘못해 허위자백을 하도록 하고 무고한 사람이 형벌을 받는 상황을 알고도 심적인 고통 없이 잘 살아갈 수 있을 것인가? 제도적 처벌이나 객관적 불이익은 받지 않았을지라도 그들이 양심과 내면의 형벌에 시달리지 않는다고 할 수 있을 것인가? 설령 운 좋게 그런 사실조차 알지 못하는 채로 살아간다고 한들 자신도 모르게 무고한 한 사람의 인생을 처참하게 죄인으로 만든 '최악의 범죄'가 세상에 묻힐 수 있을 것인가? 억울한 피해자와 가족들에게 그 무지(無知)가 용서받을 수 있을 것인가?

수사관들의 비극을 본다면 허위자백은 수사관들을 위해서도, 가장 고통스러울 허위자백의 피해자들을 위해서도, 그리고 최악의 실패를 막아야 하는 형사사법제도의 성공을 위해서도 결코 있어서는 안 된다. 특히, 수사관들의 역할이 가장 중요하다. 이들이 허위자백을 만들어내는 원인을 밝혀 이를 예방하는 것이 형사정책의 중요한 과제이다. 수사관들은 왜 죄 없는 피의자들을 수사하면서 허위자백을 하도록 하는 것인가? 그 질문에 대한 대답으로 가장 중요한 한 단어를 제시할 수 있다.

질문에 대한 해답의 키워드는 단연 '터널비전'이다. 터널비전(tunnel

vision)이란 비유하자면 운전하는 사람이 차를 몰고 터널에 들어가면 빛이 있는 출구만을 보고 달리며 전후좌우의 차량이나 터널 내벽과 같은 주변 상황에 크게 주의를 기울이지 못하는 현상으로 설명할 수 있다. 범죄수사에 있어서 한 사람의 용의자에 집중하여 그 사람의 범죄혐의와 증거수집에만 몰두하며, 그 사람의 무죄를 입증해주는 증거를 무시하고, 다른 용의자의 혐의점이나 객관적 정황 등을 소홀히 하게 되는 현상을 말한다.

캐나다 공소위원회 실무회의는 터널비전 현상이 잘못된 공소제기의 가장 주된 이유라고 지목한 바 있다. 1992년 Rachel Nickell 살인사건은 제보에 의해 Colin Stagg가 용의자로 지목되었다. 경찰은 그의 범죄혐의 입증을 위한 비밀작전을 수행했고, 그에 대한 공소가 제기되었다. 그러나 증거부족으로 곧 공소는 취소되었고, 이후 수사에 참여했던 수사관은 "아마 우리 팀이 Stagg가 범인이어야 한다는 강박관념에 사로잡혀 있었던 것 같다."고 술회했다. 몇 년이 지난 후 DNA 증거를 통해 진범 Robbert Napper가 검거되었다.

미국 루이지애나 주의 글렌 포드는 1983년 1급 살인죄로 사형을 선고받았다. 그는 여름 기온이 섭씨 40도를 넘는 열악하기로 소문난 '앙골라교도소'의 독방에서 30년을 복역했다. 그나마 다행스럽게 수사 당시 용의선상에 올랐던 제이크 로빈슨(Jake Robinson)이 자신이 한 범행임을 실토하면서 그는 무죄로 석방될 수 있었다. 그러나 석방되고 얼마 되지 않아 그는 이미 폐암 4기에 처해 있음을 알게 되었다. 그 당시 그를 기소했던 마티 스트라우드(Marty Stroud) 검사는 언론에 다음과 같은 사과문을 기고했다.

나는 오만했고, 심판하는 일을 좋아했고, 스스로에게 도취돼 있었고, 또 자신만만했다. 나는 정의 그 자체보다 내가 이기는 것에 더 몰두했다.…내가 촉발한 글렌 포드의 모든 비참에 대해 그와 그의 가족에게 사죄한다.

마티 스트라우드는 언론과의 인터뷰에서 다음과 같이 수사가 오류에 빠진 이유도 설명했다.

…당시 다른 사람의 범죄연루(다른 용의자)에 대해 의혹이 남아 있었습니다. 저는 그 점을 검토해봐야 했는데 그러지 않았습니다.… 그건 불의로 향하는 열차였고, 나는 그 열차의 기관사였습니다. 글렌 포드는 제가 죽는 날까지 제 삶의 일부를 차지할 겁니다.

그리고 병석에 누워 죽음을 앞둔 글렌 포드를 찾아가 머리 숙여 사죄했다. 마티 스트라우드의 사과에 대한 글렌 포드의 대답은 다음과 같았다.

내 인생 31년이 희생됐습니다. 옥살이가 끝이 아니었어요. 지금 내게는 6~8개월의 시한부 선고가 내려져 있어요. 미안합니다. 하지만, 난 당신을 용서할 수 없어요. 정말 못하겠어요. 정말요(I'm sorry. I can't forgive you. I really am. I really am.)

사실 글렌 포드의 딱한 사연 자체가 드라마틱했지만, 오히려 마티 스트라우드 전 검사의 사과는 미국 전역에 큰 반향을 불러일으켰다. 스트라우드 검사의 사과문이 큰 반향을 준 이유는 검사의 사과가 매우 이례

적이기 때문이기도 하지만 검
사의 과오가 그리 크다고 하기
도 힘들기 때문이다. 글렌 포
드는 강도살인의 피해품을 전
당포에 직접 맡긴 장본인이었
고, 범행시기 현장 주변에서
그를 보았다는 증언(이 증언은

글렌 포드에게 사과하는 마티 스트라우드 검사

다른 용의자의 여자 친구가 한 것으로 밝혀짐)도 있었다. 그럼에도 검사는
충분히 다른 용의자에 대한 수사를 하지 못한 것에 대해 과오를 인정한
것이었다. 글렌 포드가 자신의 잃어버린 30년과 억울함을 풀고 인생의
막바지에 자유로운 삶을 되찾았지만 다시 암으로 생을 마감해야 하는
상황에서 검사를 용서하지는 못했다. 하지만 인생의 대부분을 억울하
게 교도소에서 보내고도, 보상금을 한 푼도 받지 못하고 생을 마감하는
가련한 한 사람에게 가장 큰 위로는 그래도 마티 스트라우드 검사의 사
과였을 것이다.

　이 사례는 우리나라에도 언론에 보도되는 등 반향이 컸다. 최근 들어
우리나라도 '약촌오거리 살인사건'에서 경찰, 검찰이 조직의 이름으로
잘못된 수사에 대해 사과하는 일이 있었다. '삼례 3인조 강도사건'과 관
련해 배석판사였던 박범계 국회의원이 당시 배석판사로 오심을 한 것에
대해 사과하였다. 경찰, 검찰의 사과는 조직의 이름으로 이루어진 것이
지만 그 동안 볼 수 없었던 일이다. 가장 최근인 2021년 12월에는 '약촌
오거리 살인사건'과 관련하여 진범을 잡았음에도 무혐의 처분한 김훈
영 검사가 허위자백으로 10년이나 옥살이를 한 최 모 씨에게 사과를 한

일도 있었다.

회복될 수 없는 허위자백의 피해에 대하여 사과가 중요한 것은 수사를 하고, 기소를 하고, 재판을 했던 형사사법제도권의 종사자들이 과오를 인정하고 피해자의 아픔을 인식했다는 점에 있다. 다시 말해 수사이든, 기소이든, 재판이든 잘못될 수 있음을 인식하는 것, 그리고 그로 인한 피해가 한 개인이 감당하기 어려울 정도라는 것을 인정하고 인식하는 것은 매우 중요한 의미를 갖는다. 가장 답답한 일들은 진범이 나왔음에도 불구하고 허위자백을 한 피해자를 끝까지 범인으로 주장하거나 자신의 수사가 잘못되지 않았음을 주장하는 수사관, 검사가 많이 발견된다는 것이다. 이들은 자신의 과오도 인정하지 않을뿐더러 허위자백의 가능성과 그로 인한 피해에도 눈 감아 차후에도 허위자백을 초래할 위험성을 여전히 가지고 있는 사람들이라고 해야 할 것이다.

인류가 오랜 역사를 거쳐 시행착오를 겪으면서 형사재판에서 오류를 최소화하기 위해 가장 촘촘하게 짜놓은 형사사법제도지만 수사, 기소, 재판 모두 오류가 있을 수 있음을 인정하고 그 점을 중요하게 인식해야 한다. 억울함을 호소하는 피의자, 피고인의 목소리에 귀 기울여야 한다. 눈앞에 있는 사람은 범죄를 입증해서 처벌해야 할 대상이 아니라 존중받아야 할 한 인격체로서 진실을 가려 무죄라면 반드시 구제받아야 할 소중한 존재임을 인식해야 한다. 그것이 형사사법이 높은 가치로 천명한 '무죄추정의 원칙'이며 형사절차의 전 과정에서 수사관, 검사, 법관이 절대 잊지 말아야 할 헌법적 가치이다.

마지막으로 20여 년간 수사를 했던 선배 수사관으로서 한마디 하고 싶다. 죽음의 수용소 아우슈비츠에서 기적적으로 살아남았던 생존자들의 증언에 의하면, 진실로 이들을 분노하게 했던 것은 죽음의 코앞까지 가도록 했던 기아와 굶주림, 극한의 고통스런 노동이 아니었다고 한다. 그런 것들은 오로지 생존하겠다는 욕구로 인해 이겨내고 극복할 대상으로 인식했으며, 결국에는 그로 인한 죽음도 두렵지 않게 해주었다고 한다. 이들을 진심으로 분노하게 했던 것은 그 영혼이 짓밟히고 인격적인 모멸감을 느끼는 것이었다고 한다. 살아있는 시간 동안 그런 분노는 사라지지 않는 것이다.

정도의 차이가 있겠지만 수사과정에서 짓지 않은 범죄를 스스로 했다고 진술해야만 하는 허위자백 피의자들의 분노는 어떤 것일까? 그들의 주장이 지속적으로 무시당하고, 나쁜 사람으로 매도되고, 결국에는 진실을 포기하고 거짓과 부정의에 굴복하는 과정에서 그들은 얼마나 큰 인격적 모멸감에 울어야 했을까? 그들의 영혼은 짓밟히고, 인생이 파멸로 가는 과정에서 그들의 마음 속 깊게 자리 잡은 분노가 평생 누구를 향해 있을 것인가?

수사관들이 무책임하게 '나는 몰랐다.', '나는 사회정의를 위해 옳은 일을 열심히 했을 뿐이다.'라고 변명하는 것은 그들에게 아무런 용서도 구할 수 없는 것이요, 그들에게 아무런 위안도 줄 수 없는 것이다. '내가 하는 수사가 잘못된 것일 수도 있다.'는 겸손하고 객관적인 생각을 갖는 것은 다름 아닌 그대들의 인생을 구제하는 출발점이다.

조금만 주의를 기울이면 허위자백은 식별할 수 있는 여러 단서들이 있다. 수사를 직접한 사람이라면 알리바이를 다시 확인하는 과정에서, 범행을 재현하는 현장검증에서, 자백을 검토하는 과정에서 어렵지 않게 그것을 찾아내고 바로잡을 수 있는 것이다. 다만, 죄 없는 피의자를 쓸

데없이 이기려 하고, 서둘러 사건을 끝내려고 하는 수사관의 귀와 눈이 닫혀있을 뿐이다.

명심하라! 그대들의 임무는 범인에게서 자백을 받아내는 것이 아니라 '진실을 밝혀서 억울한 사람은 구제하고, 범죄자는 합당하게 처벌받도록 하는 것'이다.

제3장

# 우리는 무엇을 할 수 있는가?

# 1. 허위자백의 존재와 피해자의 고통에 대한 인식

이 책은 많은 허위자백의 사례들을 수집하고 분석하여 소개하고 있다. 그런 작업은 허위자백을 연구할 당시부터 마음에 두고 있었던 것이다. 왜냐하면 허위자백은 형사절차의 주역들인 경찰, 검사, 판사들만 알아야 할 것이 아니고, 국민 개개인 모두가 자신을 보호하기 위해서도 알 필요가 있는 내용이라는 생각 때문이다.

사례들에서 보듯이 허위자백은 우리가 선진국이라고 여기는 나라들은 물론 이웃 중국과 일본에서도 벌어지고 있고, 우리나라도 이미 많은 사례들이 존재하고 있다. 우리는 모두가 '허위자백은 생겨날 수 있다.'가 아니라 '허위자백은 이미 존재하고 있다.'는 인식을 갖는 것이 필요하다. 그런데 허위자백의 문제를 해결하기 어렵게 하는 가장 큰 장애물은 다름 아닌 우리의 잘못된 인식이다. '하지도 않은 범죄를 스스로 했다고 자백하는 허위자백이 어떻게 있을 수 있나?', '사람을 죽였다는 범죄를 허위로 자백할 리가 있나?' 등의 인식으로는 허위자백을 올바로 인식하지 못하게 되고, 거기서 더 나아가 필요한 허위자백 방지를 위한 문제해결과 대책의 수립을 저해한다.

2012년 졸저 「허위자백의 이론과 실제」를 출판하고, 다행스럽게도 언론에서 많은 관심을 갖고 보도하였고, 재심재판에서 이 책이 참고도서로 법정에 제출되기도 해서 억울한 사람들을 구제하는데 일부 역할을 한 것으로 생각된다. 그러나 가장 필요한 형사사법절차의 전문가들이어야 할 경찰, 검사, 판사들의 허위자백에 대한 인식은 여전히 낮은 것으로 판단된다. 경찰에서, 검찰에서 혹은 법원에서 허위자백을 학습하고, 대책을 논한다는 얘기는 들어본 적이 없다. 수많은 허위자백의 사례들이 보고되고 있는 상황에서도 오히려 자신들의 치부가 드러날까 금기어가 되어 있는 것은 아닐까 의심이 들 정도이다.

국민들 개개인이 허위자백의 사례를 살펴보고 관련된 분야의 지식을 함양하는 것은 개인을 그 위험으로부터 지켜내기 위한 선택적 과제이다. 그러나 그것은 수사를 하고, 기소절차를 전담하고, 재판을 진행하는 경찰관, 검사, 법관들에게는 선택이 아닌 필수적인 의무이다. 최근 들어 형사절차에서 재심을 통해 무고한 피해자들의 무죄를 밝혀주는 어려운 일들을 여러 차례 성사시킨 박준영 변호사의 이야기를 들어보면, 재심 사건을 진행함에 있어 허위자백의 사례들이 생각보다 많이 존재하고, 자백이 허위임을 판사를 상대로 납득시키고 학습시키는 일이 가장 큰 고역 중에 하나라고 한다. 형사절차에서 나타나는 오류와 위험을 방지하고 예방할 책임은 법관에게 있는 것임에도 이를 변호사가 학습을 시켜야 하는 웃지 못할 상황이 펼쳐지고 있는 것이다.

따라서 허위자백의 문제를 극복하는 데 가장 큰 장애물인 인식의 변화를 위해서는 우선적으로 경찰, 검사, 판사의 허위자백에 대한 학습이 필요하다. 특히, 허위자백으로 피해를 입은 사람들이 단순히 억울한 형벌을 받고 끝나는 것이 아니고, 어떻게 인생 자체를 빼앗기고 억울함과 분노 속에 살아가게 되는지 세세하게 학습해야 한다. 잘못된 수사, 기소, 재판을 했을 때 한 사람의 인생이 어떻게 잘못될 수 있는지를 낱낱이 알아야 한다. 그리고 어디에서 잘못되고 있는지 수사와 기소, 재판 절차의 구조적인 문제점은 없는 것인지, 어떤 실수로 인해 혹은 어떤 그

릇된 사고로 인해 허위자백이 만들어지는 것인지 교육과 학습을 진행해야 한다. 그런 다음 제도적으로 개선해야 할 점은 어떤 것이 있는지 고민하고, 학계에서 이미 제시되고 있는 대안들을 실무에 적용하고 실천해나가는 노력이 필요하다. 다음에서는 제도적인 개선방안으로 어떤 것을 우리가 할 수 있는지 살펴보기로 한다.

## 2. 우리가 할 수 있는 제도의 개선

우리는 많은 사례들을 살펴보며 하나의 허위자백 패턴을 찾아낼 수 있다. 그것은 대부분의 허위자백은 수사절차에서 나타나는 오류에서 시작되고, 그 오류들을 걸러내야 할 검찰의 기소절차나 법원의 재판절차에서 도리어 **허위자백이 근거가 되어 유죄판결로 귀결**되는 형태를 띠고 있다는 것이다. 그리고 좀 더 살펴보면 허위자백의 시작이 되는 수사절차 중에서도 피의자를 추궁하는 신문절차에 대부분의 문제가 집중되어 있다는 것을 알 수 있다. 신문절차에서 범죄혐의가 확실치 않은 피의자를 상대로 고문을 한다든가, 폭행과 협박을 한다든가, 위조된 증거를 제시하거나 있지도 않은 공범의 자백이 있다는 기망을 활용한다든가, '자백을 하면 선처를 해주고, 부인하면 중형을 받도록 하겠다.'는 회유 내지 협박을 하기도 한다. 따라서 가장 먼저 신문절차에서 드러난 문제점들을 극복하는데 역량을 집중할 필요가 있다.

## (1) 피의자 신문의 투명화

우리나라 헌법과 형사소송법은 피의자 신문에서 고문, 폭행, 협박, 기망 등을 통해 얻어낸 자백은 임의성을 부정해 증거로 사용할 수 없도록 규정하고 있다(헌법 제12조 제7항, 형사소송법 제309조). 그런데 이런 규정은 실제로 피의자 신문 과정에서 고문, 폭행 등의 위법행위들이 있었는지 입증하기가 힘들다는 점에서 실효성에 한계가 있어왔다. 본래 법정에서 피의자의 자백이 임의성이 보장된 상태, 즉 강압이나 외부요인이 없는 자유로운 상태에서 피의자가 스스로 범죄를 인정했다는 것을 입증할 책임은 검사에게 있다.

그러나 대부분의 재판실무에서 자백의 임의성을 통상 '일단 인정'하고, 만일 수사과정에서 임의성이 없는 상태, 즉 고문이나 폭행, 협박, 기망, 강압 등이 있었다는 사실의 입증은 거꾸로 피고인(피의자)에게 입증 여부를 묻는 경우가 많다. 이는 형사소송법상 '임의성에 의심만 있더라도 증거에서 배제해야 한다.'는 자백배제법칙을 지키지 않는 것이고, 법관의 편의주의적이고 무책임한 태도이다. 경찰관이나 검사 앞에서 약자일 수밖에 없는 피의자에게는 증거를 확보할 힘도 수단도 없다. 그래서 그런 임의성을 해하는 요인들이 없었다는 점을 검사에게 입증하도록 한 것인데 실무에서는 일단 임의성은 인정하고 보는 법관의 소극적인 태도들이 많이 발견된다. 물론, 자백의 임의성이나 신뢰성을 부정한 사례들 중에는 판사가 적극적으로 피고인의 주장에 귀 기울여 경찰서, 구치소를 방문해 함께 구금되어 있던 사람들을 조사하거나 관련 기록들을 세세히 살펴 피고인의 억울함을 풀어주는 존경스런 법관들도 있다. 그러나 그런 법관을 만난 억울한 피고인은 정말 행운이라고 할 수밖에 없다.

수사기관의 위법적인 강압에 못 이겨 허위자백을 하였는데, 그런 상황을 억울한 피해자에게 입증하라고 하는 것이 과연 정의로운 사법제도라고 할 수 있겠는가? 그건 누가 그 피해자가 되었건 분노할 수밖에 없는 부정의와 악에 가까운 것이다.

따라서 가장 현실적인 방법은 경찰이나 검사 등 수사기관이 피의자 신문 과정에서 함부로 위법적인 수단들을 쓰지 못하도록 피의자신문 과정을 투명화하는 것이다. 다시 말해 피의자 신문 과정에서 고문, 폭행, 협박, 기망 등의 위법적 수단을 쓰지 못하도록 그 과정 전체를 녹음하고, 영상녹화하는 것이다. 그렇게 되면 법정에서 피고인이 신문과정에서 위와 같은 수단이 활용되었다는 주장이 있을 때 녹음·녹화된 자료들을 확인해 위법여부를 판단할 수 있게 되고, 자연스럽게 경찰이나 검사도 수사과정에서 위와 같은 위법적인 수단을 함부로 사용하지 못할 것이다. 신문과정의 녹음·녹화는 수사관의 위법적 수단 활용을 억제할 뿐만 아니라 수사기관이 기존의 잘못된 위법적 신문방식을 버리고 법정에서 확인해도 문제가 없을 새로운 신문방식의 모색을 도모하도록 강제하는 효과가 있다.

이와 관련해 어떤 이는 이미 우리나라에는 '영상녹화제도'가 시행 중이라고 할 수도 있다. 그러나 현재 시행 중인 영상녹화제도는 수사기관이 필요할 때 재량으로 녹화하는 방식이다. 그 이유는 영상녹화제도 본래의 취지인 피의자 신문의 임의성을 보장하기 위한 것이 아니라 수사기관이 작성한 피의자 신문 조서가 문제 없다는 것을 입증하기 위한 도

경찰서 진술 녹화 장면

구로 활용하고자 했기 때문이다. 그래서 몇몇 사례들에서 영상녹화자료가 있지만 부인할 때는 녹화하지 않고 자백할 때만 녹화하는 방식으로 수사기관이 유리하게 활용하고 있는 것을 알 수 있다. 현재의 영상녹화제도는 허위자백을 한 사람에게는 더욱더 빠져나올 수 없는 함정이 되고 있는 것이다. 그러므로 그런 문제점을 극복하기 위해 수사기관의 재량이 아닌 의무로 규정해 모든 사건의 전 과정을 녹음·녹화하자는 것이다. 이럴 경우 기술의 발전이 있기 전에는 많은 비용이 소모된다고 했지만 현재는 충분히 그럴 만한 예산과 기술이 확보되어 있다. 그리고 수많은 사건을 모두 녹음·녹화할 수는 없다고 주장할 수도 있겠으나, 그것도 경미한 사건은 녹음만을 하고, 일정한 기준을 수립해 중요도가 있는 사건들은 모두 녹음·녹화하는 방식으로 융통성 있게 활용한다면 충분히 실행 가능한 방안이 될 것이다.

수사를 담당하고 있는 경찰관이나 검사들은 신문과정을 모두 녹음·녹화할 경우 '악질 범인들이 처벌의 그물을 빠져나갈 구멍을 뚫어주는 것'이라고 주장할지도 모른다. 그러나 그런 우려는 기우일 뿐임이 영국에서 실증되었다. 영국은 이미 오래 전부터 피의자 신문을 전면 녹음하는 방식을 도입했다. 초기에 경찰이 크게 반발했지만 일부지역에 시범 실시를 해 본 결과 오히려 해당 지역의 경찰관들이 도입에 찬성하였다.

그 이유는 피고인들 중에 법정에서 경찰관들이 하지도 않은 고문이나 폭행, 협박 등을 당했다고 허위사실을 주장하는 경우들이 완전히 사라져 무고한 경찰관을 보호하는 장점도 있기 때문이었다. 피의자 신문을 녹음한 결과 신문시간이 짧아졌고, 법정에서도 신문과정에 고문이나 협박 등이 있었다는 논쟁이 급감하여 법정절차의 효율성이 향상되었다. 그뿐 아니라 많은 사람들이 우려했던 '범죄자들의 자백률 저하'도 일어나지 않았다. 즉 범죄를 행한 이후 검거되었을 때 범죄를 자백하는 비율이 녹음을 하기 전보다 감소하지 않고 유지되었던 것이다. 그리고 이 사실은 신문과정에서 강압적인 수단이나 기망, 회유 등의 수단을 사용하지 않아도 자백을 하는 사람들은 자백을 한다는 것을 의미하는 것이다.

### (2) 피의자 신문 기법의 개발과 교육

앞서 논했듯이 영국은 허위자백과 오판이 발생했을 때 해당사건에 대해서만 살피고 끝내지 않았다. 제도적 시각에서 접근해 그 원인을 탐구하고 예방할 방안을 강구하였다. 이에 현실로 나타난 것이 피의자 신문의 녹음이었고, 거기에 그치지 않고 신문기법을 개발해 실무에 적용시켰다.

영국이 개발한 신문기법은 'PEACE 기법'이다. 이는 추궁을 하지 않고 어떤 답이든 할 수 있는 개방형 질문을 활용한다. 그리고 범죄혐의나 증거가 불확실한 상황에서 곧바로 신문하는 것이 아니고 증거확보와 신문에서 확인할 내용들을 충분히 수사하고 준비하는 과정을 거친다는 점에서 기존의 신문기법과 크게 차별화된다. 이미 영국의 'PEACE 기법'은 세계적으로 학자들에 의해 가장 권장할만한 신문기법으로 인정받고 있다. 구체적인 신문기법을 설명할 필요는 없어 보인다. 왜냐하면 이미 우리나라의 경찰과 검찰도 'PEACE 기법'을 교육하고 있다. 다만, 이 기법을 전문적으로 익혀 실무에 활용하는 상황까지는 아니다. 오히려 많은 문제점을 지적받고 있는 미국의 신문기법인 'REID 기법'을 함께 소개하고 있고, 이 기법의 기술적인 측면들을 가르치는 경우도 있다. 'REID 기법'이 가장 큰 문제로 지적받고 있는 것은 '기망'을 사용하도록 한다는 점에 있다. 우리가 사례에서 보았듯이 공범이 자백하지도 않았는데 '공범이 이미 다 불었다.'라든지 '증거가 발견되었다.'는 등의 기망을 사용하는 것이 허용되는 것이다. 실제 사례뿐 아니라 연구를 통해서도 이런 방식의 '가짜 증거 책략'을 사용할 경우 허위자백을 할 위험성이 27~79%까지 높아진다는 결과가 발표된 바 있다. 그러나 반대로 'PEACE 기법'을 활용할 경우 허위자백의 비율을 감소시키는 효과가 있다는 연구결과도 발표되었다.

요컨대 피의자 신문 과정을 전면 녹음·녹화하고, 피의자 신문 기법에서도 'PEACE 기법'과 같은 임의적이고 적법한 신문기법을 적용한다면 허위자백의 위험성을 크게 줄일 수 있을 것이다.

### (3) 사회적 약자에 대한 배려

허위자백 사례들을 분석한 연구들에 따르면 허위자백을 한 사람들 중에서 미성년자나 지적장애 등 취약성을 가진 사람들의 비중이 매우 높은 것으로 나타났다. 허위자백을 한 사람들 중에 미성년자가 차지하는 비율은 30%를 넘는다. 미국은 37.6%(Drizin & Reo, 2004)를 차지했고, 우리나라의 경우 30.6%(이기수, 2012)를 차지하는 것으로 나타났다.

또한 지적장애나 정신지체자의 비율도 10% 가까이 되는 것으로 나타나 이 두 부류를 합칠 경우 40% 전후의 비중을 차지하고 있는 것으로 나타났다.

이들이 취약한 이유는 권위를 가진 성인이나 경찰관, 검사 등을 대함에 있어 칭찬을 받으려는 욕구가 강하고, 꾸지람을 회피하려는 경향을 갖기 때문이라고 한다. 따라서 수사를 할 경우에 경찰관이나 검사의 눈치를 보고 이들의 기대에 부응하는 "예"라는 답을 할 가능성이 높고, 범죄인정에 한번 긍정적인 답을 하면 이를 뒤집고 꾸중을 듣는 것이 두려워 허위자백임에도 이를 유지하는 경향을 보인다는 것이다.

따라서 이들에게는 수사과정에서 특별한 대책이 필요한데 이미 영국이나 미국에서는 다양한 형태의 대책을 시행하고 있다. 일례로 영국에서는 미성년자가 피의자(가해자)로 지목된 경우에도 피해자와 똑같이 청소년 특성에 맞게 조사가 이루어진다. 미국의 일리노이 주는 살인 및 성범죄 사건에 연루된 13세 이하의 피의자는 신문 전에 의무적으로 변호인을 선임하도록 법이 규정하고 있다. Cook 카운티 검찰은 전문가들(아동발달 전문가, 아동심리학자, 아동 정신과 의사, 판사, 검사, 교육자 등)로 구성된 '청소년 소송능력 평가위원회'를 구성해 청소년에 대한 피의자 신문을 포함하여 형사소송절차에서의 이해력과 적응력을 연구하고 있다. 또한 플로리다 주에서는 매년 경찰관들을 상대로 미성년자나 정신지체자에 대한 신문방법에 대하여 특별한 교육을 실시하고 있고, 이들의 자백이 있더라도 증거가 명확치 않을 경우 반드시 심리학자와 검사, 수사책임자 등으로 구성된 관리팀에 의해 철저한 자백심사 절차(Post Confession Analysis)를 거치도록 하고 있다.

취약성을 가진 대상자들이 중요한 이유는 이들은 외부의 약한 자극이나 충격에도 허위자백을 할 가능성이 높기 때문이다. 만일 이를 그대로 진실한 자백으로 보고 수사나 형사절차가 진행된다면 억울한 사람을 범인으로 처벌하고, 진범은 거리를 활보하며 다른 범죄를 하도록 허용하는 형사절차 최악의 실패로 귀결될 것이기 때문이다.

따라서 수사관과 검사, 판사들에게 취약성을 가진 사람들을 신문하는 적절한 방법을 교육하는 것이 매우 중요하다. 또한 이들을 신문할 때 전문가나 변호인을 동석시키고, 자백에 대하여 사후심사를 하는 절차를 두어 오류를 최소화하는 노력을 기울여야 할 것이다.

### (4) 국선변호인 제도의 개선

현재 우리나라의 수사절차에서는 구속영장을 청구한 단계, 즉 구속영장실질심사 단계부터 국선변호인의 도움을 받을 수 있다. 그러나 피의자는 정작 중요한 수사관의 신문단계에서 조력을 받지 못해 이것이 큰 문제점으로 지적되고 있다. 미성년자나 정신지체자들은 물론이고 법률을 잘 모르는 사람들은 수사기관에 처음 출석 또는 체포되어 조사받을 때 변호인의 도움이 절실하다. 우리나라 경찰수사 단계에서 변호인을 선임해 피의자 신문 과정에 참여시키는 비율은 겨우 1% 정도에 불과하다. 더구나 사회적 약자들은 대부분 경제적으로 어려운 경우가 많기 때문에 이들에게는 수사 초기 단계부터 국선변호인의 조력을 받도록 하는 개선이 필요하다.

영국과 미국 등 선진국의 경우 이미 모든 피의자에 대하여 본인이 희망할 경우 수사 초기 단계에서 국선변호인의 조력을 받게 하고 있다는 점을 고려하면 우리도 더 늦출 수 없다는 판단이다. 만일 모든 피의자에 대하여 전면 실시가 어려운 여건이라면 우선 사회적 약자에 대하여 수사시작 단계부터 국선변호인의 조력을 받도록 하고, 그 다음 단계로 전체 피의자에 대한 국선변호인 선임으로 확대 실시하는 것이 바람직할 것이다. 현재 이와 관련해서는 법무부가 법률안을 마련해 추진 중으로 국회에서 이런 절실함을 반영해 법률을 제정할 것을 기대해본다.

　이상으로 제도적인 측면에서 우리가 할 수 있는 것들을 제시해보았다. 사실 경찰관, 검사, 판사들에게 허위자백의 사례들을 접하게 하여 허위자백이 생각보다 많이 발생하고 있는 것이 현실임을 인식하게 하고, 그 피해가 상상을 초월하여 피해자 개인에게 충격을 주는 것뿐만 아니라 사법체계에 대한 돌이킬 수 없는 불신을 초래한다는 것을 인식시켜주는 것이 허위자백 대책의 출발점일 것이다. 그것은 바로 전면적인 교육을 통해 가능하다. 그런 다음 허위자백이 갖고 있는 특성, 즉 자백의 일관성이 없다든가, 객관적인 증거 및 상황과 불일치하는 점, 결정적인 물적 증거가 없는 점, 피의자의 무죄를 뒷받침하는 유리한 증거에 대한 검토가 누락되지 않았는지 등에 대한 판단능력을 길러줄 질적 교육이 수반된다면 허위자백을 획기적으로 줄일 토대를 마련하게 될 것이다. 그리고 위에서 제시한 **신문과정의 녹음·녹화, 피의자 신문 기법의 개발과 개선, 사회적 약자에 대한 특별한 처우, 국선변호인 제도의 개선** 등을 제도로 정착시켜 나간다면 허위자백은 획기적으로 감소하고, 억울한 피해자들도 구제할 수 있을 것이라고 생각한다.

# 3. 나를 보호하기 위해 할 수 있는 것들

사법기관의 인식변화와 제도의 개선은 억울한 허위자백의 피해자가 생겨나는 것을 크게 예방할 수 있을 것이다. 그러나 제도가 아무리 완벽하게 설계된다고 해도 그 운용은 사람이 하는 것이기 때문에 허점이 있을 것이다. 완벽하게 허위자백이 예방된다는 것은 이상일 뿐이다. 그렇기 때문에 개인이 약간의 지식을 갖고 스스로를 지킬 수 있는 역량을 갖추는 것도 매우 중요하다. 아직 제도는 개선되지 않았으며, 허위자백은 없을 것이라는 인식이 지배적인 것이 우리의 현실이기 때문에 **우리는 누구나 허위자백의 피해자가 될 수 있다.**

그럼 허위자백으로부터 나를 보호하기 위해서 우리는 무엇을 할 수 있을 것인가? 크게 2가지 경우를 상정해서 자기를 보호하는 방안을 제시하려 한다. 그건 ① 내가 실제 범죄를 저질렀고, 그 범죄에 대하여만 책임을 추궁할 때, ② 내가 범죄를 저지르지 않았거나, 범죄를 행한 것 이외의 범죄까지 추궁할 때, 즉 행하지 않은 범죄를 추궁할 때이다.

## 실제 범죄를 행한 경우

우선 내가 실제로 범죄를 저질렀고, 정확히 그 범죄에 대하여 수사관이 추궁할 때이다. 이때는 우리나라의 사법현실을 고려했을 때 있는 그대로 범행을 자백할 것을 권한다.

왜냐하면 첫째는 그것이 사회정의와 개인의 양심에 부합하는 것이고, 둘째는 우리나라의 현실적 상황 때문이다. 사실 우리나라는 헌법이 진술거부권을 보장하고 있지만 전통적인 사상과 지배적인 관념에 비추어 죄를 짓고 범행을 부인하거나 진술거부권을 행사할 경우 불이익을 받을 가능성이 높다. 앞에서 살펴본 많은 사례에서 보듯이 범행을 하지 않았을 경우에도 부인한다면 현실적으로 더 큰 불이익을 받는 것을 알 수 있다. 박용운 서장 사건에서 범행을 계속 부인하던 박 서장이 변호사의 설득으로 항소심에서 허위자백을 했다. 그 이유는 부인할 경우 집행유예 판결을 받지 못하고 실형을 선고받을 가능성이 높다는 변호사의 판단에 따랐기 때문이다. '약촌오거리 택시기사 살인사건'에서도 피의자 최성필은 1심에서 범행을 부인했는데 최고형인 15년 형을 선고받았고, 충격을 받은 상태에서 변호사의 조언을 받고 항소심에서 범행을 허위자백함으로써 10년 형으로 감형되었다. 어디까지나 사실대로 자백을 하라는 이 권고는 실제로 범행을 했고, 그 범죄만을 추궁 받고 있을 때에 한정되는 것이다.

## 범하지 않은 범죄를 추궁당하는 경우

다음으로 상정할 상황은 내가 범죄를 저지르지 않았거나, 범행을 했지만 하지 않은 범죄까지 추궁 받고 있는 경우이다. 이럴 경우에는 강력하게 범행을 부인하고, 범행을 하지 않았다는 알리바이(현장부재증명)를 제시하거나 범행을 하지 않았음을 입증할 증거, 정황 등을 제시하는 것이다. 수사관이 이를 인정하고 받아주게 되면 '나' 개인의 방어는 성공하는 것이므로 다른 조치는 필요 없다.

그런데 내가 짓지 않은 범죄를 나에게 덮어씌우려는 시도가 계속 된다면 이는 자기방어를 위해 최대한의 힘을 써야하는 상황이 된다. 즉 범죄에 대한 나의 부인이 무시당하고, 경찰관이나 검사 등 수사관이 계속하지 않은 범죄를 자백하도록 강요하거나 회유하는 상황이라면 법이 보장한 모든 방어권을 행사하여야 한다. 여기서 방어권은 **진술거부권의 활용, 변호인 선임과 신문참여, 그리고 신문과정에 대한 녹음·녹화 요청** 등이다.

첫째, 진술거부권(묵비권)의 행사는 헌법이 보장한 권리로 자신에게 부당한 자백을 강요하는 수사관에 맞설 수 있는 강력한 무기이다. 진술거부권을 행사하면 수사관은 신문절차를 중단해야 하고, 증거를 수집하지 못하면 범죄를 입증할 수 없게 되어 무혐의로 종결할 수밖에 없는 것이다. 실무에서 흔히 나타나는 현상 중에 하나는 진술거부권을 행사하는 피의자를 수사관이 하지 못하도록 설득하는 경우이다. 그런데 이것은 헌법과 형사소송법이 보장한 권리의 행사를 방해하는 것이므로 위법적인 것이다. 그런 수사관의 이름을 확인하고 잘못된 시도를 멈추라고 경고한다면 수사관도 위축될 것이다. 아이러니하지만 검사 출신전 국회의원 금태섭 변호사는 검사 시절 수사를 잘 받기 위해서는 '진술거부권을 활용하라.'는 글을 써서 공개했다가 조직 내에서 많은 질타와 비난을 받았다. 그러나 그것은 부당한 피의자 신문에서 나를 지킬 수 있는 강한 무기이며 합법적 권리임을 반증하는 것이기도 하다.

둘째, 국선변호인은 현행 법제 하에서 영장청구 전 수사단계에서는 선임할 수 없으므로 비용이 들더라도 수사 초기 신문에 참여가 가능한 사선변호인을 경찰수사단계에서 선임하고 신문절차에 참여토록 할 것을 권한다.

왜냐하면 **경찰수사단계에서 이루어지는 허위자백을 반드시 막아**

**야** 하기 때문이다. 많은 사람들 이 경찰에서 강압적으로 나오니 그냥 인정하고, 검찰이나 법원에 서 부인하고 다투면 된다고 쉽게 생각한다. 물론 어떤 사람은 경 찰에서의 자백은 법정에서 내용 을 부인하면 증거로 쓸 수 없기

영화 '변호인'의 한 장면

때문에 검찰에서 혹은 법정에서 진실을 가리겠다는 생각으로 경찰의 추궁에 쉽게 허위자백을 하는 경우도 있다. 그러나 두 경우 모두 현명하 지 못한 선택이라고 할 수 있다. 왜냐하면 형사소송절차에서 경찰, 검 찰, 법원은 분리되지 않고 체인처럼 연결된 과정이며, 경찰, 검찰, 법원 은 상호 견제·대립할 때도 있지만 적어도 검사는 피의자보다 경찰관을 신뢰하고, 법관은 피의자보다 검사를 더 신뢰한다는 사실을 잊어서는 안 된다. 일단 자백을 하게 되면 검사나 법관은 이를 부인해도 잘 믿지 않게 되고, 이를 뒤집어서 자신의 무죄를 주장하고 관철하기가 결코 쉽 지 않다.

그러나 경찰단계에서 부인하고 범죄혐의가 없는 것으로 결론을 내 면 검찰이나 법원에 갈 필요조차 없게 된다. 변호인의 조력은 다른 어떤 단계보다도 가장 첫 단계인 경찰수사에서 필요한 것이다. 또 한 가지 알 아야 할 사실은 변호인 선임비용도 자백을 하여 유죄의 가능성이 높아 진 기소, 재판 단계에서는 더 커질 수밖에 없을 것이다. 소위 '호미로 막 을 것을 가래로 막는다.'는 속담이 여기에 해당하는 것이다.

덧붙여서 여기에는 의문이 생기는 상황이 있을 수 있다. 수사관의 출

석요구에 정확히 어떤 상황인지 모르고 출석을 했는데 자신이 하지 않은 범죄를 추궁하는 상황이라 급하게 변호인을 선임할 수 없는 상황이 있을 수 있다. 이럴 경우에는 피의자 신문은 결코 강제수사가 아니고 임의수사이므로 **출석일자를 다시 잡고 변호인을 선임하여 함께 출석하여 조사받을 수 있다**는 사실을 기억하자. 만일에 수사관이 이를 허용하지 않는다면 그것은 합법적인 권리행사를 방해한 것이므로 수사관이 위법행위를 하는 것이다.

셋째, 만일 조사받는 피의자가 경찰, 검찰에 신문과정을 녹음·녹화 요청해서 받아들여지게 된다면 신문과정에서 발생할 수 있는 고문, 폭행, 협박, 기망 등의 위법적 수사방법을 예방할 수 있다. 수사관이 합법적인 수사를 한다면 굳이 이를 거부할 이유는 없다. 현재 녹음·녹화시설이 없다는 이유를 들어 거부할 수도 있다. 이 경우에는 피의자가 가진 스마트폰으로 녹음을 할 수도 있다. 다만, 수사기관이 이를 받아주는 것은 현행 법제 하에서 의무사항은 아니므로 거부될 수도 있다. 그러나 적어도 수사대상자가 법을 잘 알고 있고, 위법적인 수사방법에 예민한 사람임을 표시할 수 있는 요청으로 수사관이 당신을 무시하지 못하고 주의를 기울이게 할 수 있을 것이다.

그 외 추가적으로 추천하고 싶은 방법은 **출석 시에 조사시간을 미리 정해놓는 것이다.** 시작 시간과 끝날 시간을 미리 정하고, 끝나는 시간이

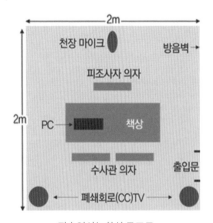

진술영상녹화실 구조도

되었는데도 신문이 계속 된다면 일단 끝내고 다음 출석일자를 정해 조사를 받는 것이다. 허위자백의 피해자들은 대부분 적게는 몇 시간에서 며칠까지도 피의자 신문을 계속해서 받고 이내 허위자백을 해버린 경우가 많다. 영국에서는 규정상 2시간마다 휴식을 주도록 되어 있다. 2시간 신문하면 휴식시간을 갖고 2회(4시간), 많게 3회(6시간) 이내로 끝내도록 정해두는 것이 신문에 집중할 수 있다.

**법은 '권리 위에 잠자는 자'를 보호하지 않는다.** 우리가 조금의 노력을 들여 약간의 법 지식을 습득한다면, 인생을 망칠 수 있는 큰 위험이 잠재된 허위자백의 위험으로부터 스스로를 지켜낼 수 있다. 특히, 수사 초기 단계에서 수사관의 압박에 굴하지 않고 법이 허용한 합법적인 권리와 방어수단을 활용해 자신을 지켜내야만 한다. 그래야 형사절차에서 위험한 상황이 닥쳐도 억울한 형벌을 받지 않고 내 소중한 인생을 가꾸어 행복을 누리며 살아갈 수 있는 것이다. 법을 아는 것, 자신을 지켜낼 의지와 힘을 갖는 것, 이 모두가 우리의 소중한 일상과 인생을 보호하기 위해 꼭 필요한 것임을 명심하자.

# 참고자료

[도서]

문준영, 「법원과 검찰의 탄생」, 역사비평사, 2010.

박노섭·이동희·이윤·장윤식(공저), 「범죄수사학」, 경찰대학 출판부, 2013.

박상규·박준영(공저), 「지연된 정의」, 후마니타스, 2016.

박용운, 「감옥에 여울지는 소쩍새 소리」, 심지, 2004.

이기수, 「허위자백의 이론과 실제」, 한국학술정보, 2012.

조갑제, 「고문과 조작의 기술자들」, 한길사, 1987.

조갑제, 「사형수 오휘웅 이야기」, 조갑제닷컴, 2015.

진실화해위원회, 「진실화해위원회 종합보고서 I , IV」, 2010.

진실화해위원회, 「제4차 보고서」, 2008.

체사레 벡카리아 저 / 한인섭 신역, 「범죄와 형벌」, 박영사, 2006.

표창원, 「프로파일러 표창원의 사건추적」, 지식의숲, 2013.

하마다스미오, 「자백의 연구」, 北大路書房, 2005.

리처드 A, 레오 저 / 조용환 옮김, 「허위자백과 오판」, 후마니타스, 2014.

우치다 히로후미·야히로 미쓰히데·가모시다 유미/김인회·서주연 옮김, 「전략
　　자백」, 뿌리와 이파리, 2015.

5공정치범명예회복협의회, 「역사의 심판은 끝나지 않았다」, 살림터, 1997.


[논문]

강구섭, "독일, 유괴범 고문위협 뜨거운 논란", 오마이뉴스( 2005. 1. 12).

김민지, 피의자신문의 문제점 및 개선방안, 한국경찰연구 제12권 제1호,
　　2013.

김형준·김재휘·백승경, "형사절차에 있어서 허위진술에 관한 실증적 연구",

「중앙법학」 제7권 1호, 2005.

이기수, 피의자신문기법의 문제점과 개선방안에 관한 연구, 한국경찰연구 제
　　11권 4호, 2012.

이성용, "긴급구조적 고문에 관한 독일의 논쟁과 그 시사점", 「경찰학연구」
　　제9권 제1호, 2009.

정은주, "아무도 죽지 않은 살인", 「한겨레 21」 제952호, 2013.

Doreen Mcbarnet, "The Fisher Report on the Confait Case : Four Issues",
　　The Modern Law Review, Vol.41, No.4(Jul., 1978), pp. 455－463.

Richard A. Leo, Steven A. Drizin, Peter J. Neufeld, Bradley R. Hall, & Amy
　　Vatner, "Bringing Reliable back in : False Confession and legal
　　safeguards in the twenty－first century".

Samuel Maul, "Judge Throws out Convictions in central Park Jogger case",
　　Associated Press, 2002. 12. 20. The Problem of False confession in
　　the Post－DNA World(www.post－gazette.com/nation/20021220
　　apjoggercasenat2p2.asp).

Sarah Jordan and Maria Hartwig, "On the Phenomenology of Innocence:
　　The Role of Belief in a Just World", 「Psychiatry, Psychology and
　　Law」, 2012.


[인터넷 자료]

나무위키(namu.wiki).

WIKIPEDIA(ko.wikipedia.org).

결백 프로젝트(innocence.org).

기자 조갑제의 세계(www.chogabje.com).

https://www.mirror.co.uk/news/uk－news/three－youths－wrongly－jai
　　led－killing－20655052.

[판결문]

춘천지법 2008. 11. 28. 선고 2008재고합1.

서울고법 2009. 2. 6. 선고 2008노3293.

수원지방법원 2008. 7. 16 선고 2008고합45, 64, 73, 117(병합); 서울고등법
　　　　원 2009. 1. 22. 선고 2008노1914; 대법원 2010. 7. 22. 선고
　　　　20091151.

대전고등법원 2001. 11. 30. 선고 2001노487; 대법원 2002. 5. 10. 선고 2001
　　　　도6783; 대전고등법원 2006. 11. 29. 선고 2005나2033.

수원지법 성남지원 2009. 10. 23. 선고 209고단1836; 수원지법 2011. 1. 6. 선
　　　　고 2009노5520.

수원지방법원 안산지원 2010. 5. 7. 선고 2009고단2128; 수원지방법원 1010.
　　　　10. 14. 선고 2010노2234.

광주고등법원 2001. 5. 17. 선고 2001노76.

서울남부지법 2010. 12. 30. 선고 2010고합331; 서울남부지법 2011. 2. 23. 선
　　　　고 2010재고단17, 18, 19(병합).


[방송 및 영상자료]

그것이 알고싶다 312회, 898회, 994회.

PD수첩 548회, 제852회.

KBS 한국 사회를 말한다(2004. 8. 28).

영화 '컨빅션(Conviction)'.

영화 '7번방의 선물'.

영화 '재심'.

영화 '변호인'.

## 사진 출처

- 체사레 벡카리아 : 위키피디아(ko.wikipedia.org).
- 생전의 제리 콘론 : https://merrow.tistory.com/487.
- 맥스웰 컨페이트(Maxwell Confait) : https://lovecatford.co.uk/2018/09/21/catford-do-you-remember-maxwell-michelle-confait/.
- 뉴욕 센트럴 파크 전경과 피해자 트리샤 메일리 : https://www.oxygen.com/martinis-murder/where-is-trisha-meili-the-central-park-jogger-now.
- 마티어스 레이어스 : http://www.nydailynews.com/services/central-park-five/profile-matias-reyes-article-1.1308560.
- 결백 프로젝트 창립자 Barry Scheck(왼쪽)과 Peter Neufeld(오른쪽) : https://blog.naver.com/hobbesfan/220116362536.
- 영화 컨빅션의 포스터와 실제 주인공 워터스(Waters) 남매의 사진 : innocence project.org.
- 생전의 녜수빈 : 서울신문(2021. 2. 2).
- 후거지러투 생전 모습 : 연합뉴스(2016. 10. 19).
- 법정의 정원섭 피고인 : 그것이 알고싶다 제697회(2008. 12. 20).
- 마그누스 게프겐 : https://blog.naver.com/hurucin/222018203284.
- 글렌 포드에게 사과하는 마티 스트라우드 검사 : 한국일보(2015. 08. 10).

**저자약력**

이기수

경찰대학 졸업

서울대학교 법학박사

현재 전남대학교 교수

 - 여수경찰서/종로경찰서 형사과장
 - 경찰대학 치안정책연구소 연구관
 - 해양경찰청 정책자문위원
 - 경찰청 수사구조개혁 전문위원
 - 한국비교형사법학회 국제이사

허위자백 스토리

| | |
|---|---|
| 초판발행 | 2022년 3월 10일 |
| 지은이 | 이기수 |
| 펴낸이 | 안종만·안상준 |
| 편 집 | 김선민 |
| 기획/마케팅 | 이후근 |
| 표지디자인 | 이소연 |
| 제 작 | 고철민·조영환 |
| 펴낸곳 | (주) **박영사** |
| | 서울특별시 금천구 가산디지털2로 53, 210호(가산동, 한라시그마밸리) |
| | 등록 1959. 3. 11. 제300-1959-1호(倫) |
| 전 화 | 02)733-6771 |
| f a x | 02)736-4818 |
| e-mail | pys@pybook.co.kr |
| homepage | www.pybook.co.kr |
| I S B N | 979-11-303-1429-7 93350 |

정 가 14,000원